人际交往中的博弈心理学

李安平◎编著

中国纺织出版社

内 容 提 要

我们的生活中，无处不存在博弈……博弈论的精髓是策略性思考，学点博弈论，能教会我们理智地看待事物，教会我们预测他人反应，保护自身利益。为此，我们需要在生活和工作的各个方面巧妙地运用博弈策略。

本书从生活中的常见现象入手，选取了大量有趣的故事，并通过深入浅出的分析，来诠释博弈论的定义和作用。向广大读者展示博弈中的智慧，告诉我们在社会和人生的大博弈中如何取得真正的成功。

图书在版编目（CIP）数据

人际交往中的博弈心理学 / 李安平编著. —北京：中国纺织出版社，2017.12（2019.1重印）

ISBN 978-7-5180-4506-8

Ⅰ.①人…　Ⅱ.①李…　Ⅲ.①人际关系—社会心理学—通俗读物　Ⅳ.①C912.11-49

中国版本图书馆CIP数据核字（2017）第315104号

责任编辑：闫　星　　特约编辑：王佳新　　责任印制：储志伟

中国纺织出版社出版发行

地址：北京市朝阳区百子湾东里A407号楼　邮政编码：100124

销售电话：010-67004422　传真：010-87155801

http://www.c-textilep.com

E-mail: faxing@c-textilep.com

中国纺织出版社天猫旗舰店

官方微博http://weibo.com/2119887771

北京通天印刷有限责任公司印刷　各地新华书店经销

2017年12月第1版　2019年1月第4次印刷

开本：710×1000　1/16　印张：13

字数：200千字　定价：36.80元

前言

人是思维动物，自从我们出生开始，就要运用思维进行各种各样的选择，而随着我们的成长，我们需要做的选择也会越来越多。每天清晨，当你一醒过来，可能就要问自己，早餐吃什么？出门上班，是打的还是坐公共汽车？工作时要不要喝杯咖啡？下班了要不要去商场逛逛？买什么颜色的衣服？周末要不要和爱人看场电影？学生时代，你要考虑的是：选择什么专业？最近读什么书好？临近毕业，你会思虑，找什么工作？要不要去某公司的竞聘？置身职场，要不要竞争某个职位？是不是该提加薪的事等。这些看似很细小的一些问题，却贯穿着我们的生活，而其实，这就是人们常说的博弈。

经济学家萨缪尔森曾说："现代社会，要做一个有能力的人，必须要对博弈有一定的了解。"不得不说，21世纪，我们每个人都已进入博弈时代。从表面上看，"博弈"这个词汇让人感觉高深莫测，其实通俗地说就是"游戏"的意思。不过我们也不得不承认，博弈也是一种非常神奇的智慧。那么，到底什么是博弈呢？

博弈论（Game Theory）又称对策论。起源于20世纪初，最早是微观经济学的组成部分。从game一词中，我们发现，博弈最早的意思是游戏，博弈论翻译成中文最贴切的含义也是"智力游戏"。

其实，我们不难发现，博弈与游戏有很多共通之处：比如，它们都有一定的规则约束；他们都有一定的参与者和一定的行动；游戏是从博弈中抽离出来的……

我们也可以看出：与游戏相同的是，博弈有着极强的互通性，博弈的参与人之间是互相联系的，我们所做的任何一个抉择都在有形或无形地影响着其他参与者，你认为自己很聪明，对手也与你一样，他们也关心自己的利益，人们之所以进行博弈，就是要让自己的利益最大化。这就是博弈的问题。

我们的整个人生就是一个博弈的过程，我们的每一次抉择都决定着未来人生的走势。运用博弈的智慧，能帮助我们解释乃至认清生活中的很多问题，包括职业规划、投资理财、人际交往还有为人处世等，这些问题看似复杂，实则非常简单。一个深谙博弈智慧的人在处理任何事情时都是理智的，因为他们懂得运用博弈的策略来指引自己做出最佳选择。

　　在这本书中，作者就是通过生活中的常见现象和趣味故事来为我们诠释博弈的真正定义，并反过来将这些策略运用到现实生活中，进而帮助我们快乐地学习掌握博弈竞争的技巧。通过阅读这本书，你就会发现，任何一件事，乃至任何难题，如果你懂得博弈论中的策略性思维，那么，它都会迎刃而解，同时你自己也能从中收获意想不到的惊喜！

目 录

第1章
走进博弈，博弈是一场斗智斗勇的游戏

诺贝尔经济学奖获得者包罗·萨缪尔逊曾说："要想在现代社会做个有价值的人，你就必须对博弈论有个大致的了解。"现代社会，博弈早已渗透到人们生活和工作的各个方面。有人说，有人存在的地方就有博弈。那么，什么是博弈呢？又怎样把握博弈的局势？博弈的结局又有哪些？博弈论是不是可以解决所有问题呢？我们不妨带着这些问题来阅读本章。

什么是博弈

在普林斯顿大学教授迪克西特的《策略思维》一书中，讲了这样一个有趣的故事：

在某著名大学博弈课程的班上，有两个成绩优异的学生，他们平时的考试成绩都是"A"，他们出色的思维能力和学习能力，也一直受到教授们的好评。转眼，学校一年一度的期末考试又到了。往年，他们都会规规矩矩复习，但最近，他们最喜欢的一个明星要来他们所在的城市开演唱会，好不容易拿到票，当然不能不去，当他们从演唱会赶回来时，已经是第二天早上了，他们心想，匆匆忙忙赶去考试已经来不及了，干脆跟教授撒个谎，争取补考的机会吧。

于是，他们赶紧给教授打电话，称他们乘坐的公共汽车在半路上爆胎了，他们赶不上考试了，希望教授能重新给个补考的机会。

接到电话后，教授心里明白可能有两种情况，要么是他们真的是遇到紧急情

况了，那么，这两个学生是应该得到谅解并获得补考机会的；要么是他们撒谎了，那么，他们必须要为自己的谎言付出代价。然而，怎样才能知道真实情况呢？

这两个学生当然很精明，但他们忽视了一点，他们的老师是专攻博弈论的专家。教授很爽快地答应了学生的请求，并通知他们三天后来学校参加补考。这一天很快到了，他们如约来参加考试，教授将他们分别安排到两间教室，给他们发放了试卷。他们平时的基础知识学得不错，也有了三天的时间复习，因此，对于前面第一张试卷的题目，他们很快作答完了，尽管这部分只有十分，但他们依然心情舒畅，当他们翻开第二张试卷时，他们愣住了，因为这个九十分的题目居然只有几个大字："请问爆的是哪只轮胎？"

故事的结局当然是，这两个自作聪明的学生为自己的行为付出了代价，对于这个九十分的题目，他们其中一个人的回答是左轮胎，另一个人的回答则是右轮胎，他们最终失去了这宝贵的九十分。

这则故事里，我们不得不叹服于教授的智慧。为了检测这两名学生说的是否是真话，他设了一个局：如果两名学生的回答是一致的，那么，证明他们没有撒谎；而如果他们说的是谎言，他们的答案也就不同，他们就应该为此受到惩罚。

这个小小的故事已经为我们展示了博弈的魅力，那么，到底什么是博弈呢？

博弈论（Game Theory）又称对策论。起源于20世纪初，最早是微观经济学的组成部分。从game一词中，我们发现，博弈最早的意思是游戏，博弈论翻译成中文最贴切的含义也是"智力游戏"。

其实，我们不难发现，博弈与游戏有很多共通之处：比如，它们都有一定的规则约束；他们都有一定的参与者和一定的行动；游戏是从博弈中抽离出来的……

另外，博弈论思想古已有之。比如，我国古代的《孙子兵法》，这不仅仅是一部军事专著，阐述了种种战术和战略问题，更是最早的一部博弈论专著。

最初，博弈论主要研究的是象棋、桥牌、赌博中的胜负问题，博弈指的是两个人在对局中利用各自的策略来对抗对方的策略，以达到取胜的目的。

在很多人看来，博弈是一场高深莫测的活动，但其实也很好理解。那就是博弈的参与者在进行决策前，不但要从自身角度考虑，还要从对方角度考虑，考虑自己的行为对他人产生的影响，以此来选择最优计划，也就是说，要在对方采取什么策略的估计基础上选择自己的恰当策略。

博弈论的计谋不仅在政治、军事、商场、外交等领域，而且即使在日常生活中，人们也会不自觉地运用博弈的理论来以最小的代价获取最大的收益。

日常生活中，人与人之间其实也充满着竞争和对抗，而我们每个人就如同棋手一样，我们所作出的每个行为，就如同在一张看不见的棋盘上布子的行为，聪明的棋手们会揣摩彼此的心思，相互牵制，人人争赢，进而呈现出诸多精彩纷呈、变化多端的棋局。

古人云："兵不厌诈。"这里的"诈"，也就是"诡计"的意思。社会生活其实也是一盘棋，需要我们懂得博弈的智慧，反过来，我们就很容易陷入到别人布置的陷阱中，或者中了别人的诡计，此时只会是满盘皆输。

诺贝尔经济学奖获得者包罗·萨缪尔逊如是说：要想在现代社会做个有价值的人，你就必须对博弈论有个大致的了解。也可以这样说，要想赢得生意，不可不学博弈论；要想赢得生活，同样不可不学博弈论。

博弈论小贴士：

生活中的每个人都必须懂得博弈论的策略思维，这样才能及时识破他人的诡计，保护自身利益。另外，如果你能在生活和工作的各个方面巧妙地运用博弈策略，那么，成功也就在不远处向你招手了。

了解博弈的构成要素，把握博弈局势

有人说，经济学产生的条件有两个，一个是人类欲望的无穷性，一个是资源的稀缺性，而博弈又何尝不是如此呢？有资源的稀缺，有两个或两个以上的竞争者，博弈就产生了。也就是说，有了利益争夺，也就有了博弈，参与博弈的各方也正是为了获得最大程度的利益而互相竞争，而博弈的胜负也是看争得利益的多少。同时，如何对抗和竞争又是由外部条件决定的，在这样的情况下，博弈就产生了。

如何识别一场博弈中会出现哪些博弈要素呢？接下来，我们不妨先从生活中的一件小事开始入手吧？

和平时一样，夫妻俩在吃完晚饭之后，做好了家务，然后他们坐在沙发前，打开了电视，正是晚上七八点钟的时间，其中一个频道正在播放的是丈夫喜欢看的足球赛，另外一个频道是妻子爱看的娱乐节目，可惜的是，家里只有一个电视机，就这样，两口子就因为到底看哪个频道开始吵起来了。

其实，这就是一场博弈。

在这场博弈中，完整地包含着形成一个博弈的以下四个要素。

（1）两个或两个以上的参与者。

任何一场博弈，首先存在的条件就是必须要有两个或者更多的参与者，以此来承担博弈的后果。顾名思义，如果只有一个人，并且，他做决策的环境也没有是没有其他人或者没有丝毫的干扰因素，那么，这也不是博弈。

以前面我们叙述的案例来分析，假如这一天晚上，妻子或者丈夫只有一个人在家，那么，他（她）就可以选择自己喜欢的节目，就不会吵架，自然也就不会有博弈了。

的确，无论何种情况下，如果是一个人做决策，而不受其他人干扰，那么，这是不应划到博弈的范围的，而是一个传统的最优化的问题。

很多人都看过《鲁滨逊漂流记》的故事，在这个故事中，原本，住在这个荒岛上的，只有鲁滨逊一个人，他是一个单独的系统，自然没有博弈一说，但是后来，星期五也来到了这个荒岛上，鲁滨逊从此做任何事，都与星期五有关了，所以，鲁滨逊不再是一个独立的系统，此时，博弈也就形成了。

在一场竞赛或博弈中，只要是能决策的参与者，都能被称为局中人，如果有两个这样的局中人，就是"两人博弈"，而如果有多个这样的局中人，则就是"多人博弈"。

（2）必须要有双方或者各方都在争夺的某个资源。

当然，也未必是资源，还可以是某一利益、收益，只要是双方都在争夺的即可，要有参与各方争夺的资源或收益。在一局博弈结束时的结果成为得失。

当然，当某一局结束时，结果如何，不仅与某个参与人的决策有关，还与其他参与者的整体策略有关。在结局时，博弈参与人的得失，不仅与其自身的决策有关，也与博弈中其他参与人的整组策略有关。

当然，这里所说的资源的范围很广，不仅是那些诸如金钱类的经济利益，也可以是那些社会资源，如人脉、信誉、学历、职位，再比如那些自然资源比如，土地、水资源等。

在经济学中，我们能解释资源的含义，所谓资源，指的是我们所需要的，而不需要的，便不能构成资源，当然，这里所说的需要，也是主观上的。很简单的道理，如果谁认为某个东西他不需要，就不是资源，而如果谁认为某个东西他不需要，则就不能构成为他的资源。

中国人有几句戏言常说："孩子是自己的好，老婆是别人好"，其实也是这个道理，自己的孩子，看得比什么都重要，也许他并不是那么出色，但是孩子始终是无可代替的；而对于老婆，即使曾经恋爱时多么喜欢，但人都会产生审美疲劳，随着时间的流逝，慢慢地都开始产生审美疲劳。

还有"情人眼里出西施"，在相爱的人眼里，有主观喜爱的成分，所以认为对方是最好的。是这个道理。因为对方是自己的情人，有主观喜爱的成分，对方也成了西施。

主管愿望在博弈中也是起到了很大的作用的。在上面夫妻看电视这一案例中，电视机的使用权是和丈夫或者妻子的喜好有关的，是在晚上七八点这个黄金时期有了使用权，而且，这对夫妻，如果既没有看电视剧的爱好，也没有看球赛的爱好，那么，哪一个频道都不会成为其资源。

（3）参与者能自行决策。

一局博弈中，每个参与者都有选择某种行动的权利，这就是局中人的一个策略。如果在一个博弈中局中人及其策略都是有限的，则称为"有限博弈"，否则称为"无限博弈"。

并且，任何一个参与者的决策都不但对自己的博弈解决产生影响，还会对整个局势造成影响。

（4）参与者拥有一定量的信息。

每个参与者在做某种决策之前，不但要考虑到自身的利益和可能得到的博弈结果，还要考虑对其他人的影响，以及其他人的反应行为可能带来的后果，然后进行比较和权衡，进而找到最有利的选择并采取最佳的行动计划，来寻求收益或效用的最大化。

故事中，夫妻关于到底看什么频道的问题就会产生一个博弈，对此，会出现以下三种情况：

第一，两人争论不休，最后谁也争不出个结果，所以最后干脆谁也不看了；

第二，一个人看球赛，一个人看娱乐节目，但是前提条件是他们必须要有一个人放弃自己原本的计划；

第三，双方妥协，选择其中一个频道：看娱乐节目或者看球赛。

在上面的博弈故事里，其实还有一个前提，那就是夫妻二人，在各自工作一天之后，在回到家中后，他们是会一起活动，而不会分开的。

因此，接下来，我们可以做出假设：如果他们各自做各自的，那就他们的效用就是0；如果双方一起去看球赛，则丈夫的效用为5，而妻子的效用为1：如果双方一起看娱乐节目，则丈夫的效用为1，妻子的效用为5。

不过，在博弈论中，为了能更清楚直白地看清楚博弈中的各种因素，人们通常会使用矩阵来表示，矩阵又有两种说法——"收益矩阵"或"得益矩阵"。

博弈论贴士：

我们可以做出总结，一个博弈，要包含至少四个或四个以上的因素：两个或两个以上的参与者，要有参与者争夺的资源，还有策略以及拥有一定量的信息。而这些，我们都可以用简单又实用的矩阵来表示。

博弈的结局：零和、负和与正和

我们都知道，博弈是一场争夺资源而进行的游戏，既然是游戏，就有一个赢，一个输，我们把输的一方记分为-1，赢的一方为1，那么，他们的得分之和就是0，这样的情况，我们称之为零和博弈。关于这一点，我们不妨先来看拉封丹寓言中的这样一则故事：

一天晚上，有只小狐狸和往常一样出来觅食，他已经有两天没吃东西了，早已饿得前胸贴后背。

它看到一口水井，月亮的影子倒影在井里，特别像一块大的奶酪，井的旁边，有两只大水桶，它完全没思考就跳进其中一只水桶里，当它到了井里时，另一只水桶从井底升到了井面。聪明的小狐狸很快认识到这是个陷阱，自己已经铸成大错了。如果自己等下去，那么，只有一个结果，那就是死亡，必须要找出自救的方法。如果能找到个替死鬼就好了。

小狐狸苦思冥想着，就这样，两天时间过去了，没有一只动物经过。

第三天的晚上，月光很美，小狐狸看到井面，有个影子飘过，它定睛看了看，那是一只狼，看样子也十分饥饿。于是，它对着狼说："喂，伙计，看到这个了吗？真是很美味的奶酪，我请你吃怎么样？现在只剩下一半了，就请委屈你钻到我特意为你准备好的桶里下到井里来吧。"狐狸尽量把故事编得天衣无缝，这只狼果然中了它的奸计。狼下到井里，它的重量使狐狸升到了井口，这只被困两天的狐狸终于得救了。

在这个故事中，狐狸与狼进行的博弈，就是典型的零和博弈。零和博弈是一种强烈竞争和完全对抗的博弈。之所以称为零和博弈，是因为在结局中，决策者所有收益的总和加起来是零，或许一个参与者收益不少，但是另外几个参与者的损失刚好与其所得相等。以这个故事为例，这里，狐狸与狼一只在上面，一只在下面，如井里的想上去，就必须要上面的先下来。

在现实生活中，有很多情况和零和博弈很相似，胜利者的喜悦常常是建立在失败者的痛苦上的，无论是政治、经济、战争，无不是一场场巨大的零和博弈。

股票是零和博弈，人们炒股，无论是亏还是损，金钱的总数量是不变的、总盈数与总亏数是不变的。另外，赌场也是一场场零和游戏。因为赌来赌去，赌桌上的钱的总数也是不变的。

著名经济学家茅于轼曾经说："在市场经济以前，人类自利是妨碍别人的，是损人利己的。"他举了个例子说，在中国古代的帝王与臣子之间就是如此：作为帝王，他可以要你的性命、财产，抄你的家；作为臣子，你可以造反，可以拥兵自重，甚至能夺他的天下。一方得利，一方受损，那是零和博弈。事实上，长达几千年的零和博弈在中国历史上不断上演，才使人们争权夺利，并且使很多人有了"人不为己天诛地灭"、"无毒不狠非丈夫"这样的意识。这种文化观念深入到每一个中国人的意识中。

然而到了今天，除了权力斗争和军事冲突之外，现实生活中一般很少出现类似寓言中的狐狸与狼这种"有你没我"的局面。因为在市场经济下，你要想得到好处，就要跟别人合作，这样才可以得到双赢的结果，不但你得到好处，你的对手也得到好处。所以市场经济安排最奥妙的地方，就在于它是双方同意的，任何一个买卖都要经过双方同意，买方赚钱，卖方也赚钱，财富就创造出来了。这就是与零和博弈相对应的"非零和博弈"。

所谓"非零和博弈"，即参与者之间的行为并不是单一的，是既有对抗又有合作的博弈，因为目标的不完全对立，对局中才出现了各种各样的情况，有时候参与者为了自身利益会单方面作出对抗决策，有时又会为了共同利益采取合作策略。其结局收益总和是可变的，参与者可以同时有所得或有所失。

比如在拉封丹的寓言中，如果狐狸看到狼在井口，心想我在井里受罪你也别想舒服，他不是欺骗狼坐在桶里下来，而是让狼跳下来，那么最终结局将是狼和狐狸都身陷井中不能自拔。这种两败俱伤的"非零和博弈"，我们称之为"负和博弈"。

反之，如果狼明白狐狸掉到了井里，动了恻隐之心，搬来一块石头放到上面的桶中，完全可以利用石头的重量把狐狸拉上来。或者，如果狐狸担心狼没有这种乐于助人的精神，通过欺骗到达井口以后，再用石头把狼拉上来。这两种方式的结局是两个参与者都到了井上面，那么双方进行的就是一种"正和博弈"。

实际上，这种正和游戏的思维不仅是一种经济上的智慧，而且可以运用到生活中的方方面面，用来解决很多看似无法调和的矛盾和你死我活的僵局。那些看似零和或者是负和的问题，如果转换一下视角，从更广阔的角度来看也不是没有解决办法，而且往往也并不一定要牺牲某一方的利益。

博弈论小贴士：

如果我们每个人都通过博弈智慧的学习和运用，在生活中实现更多的正和博弈。这个世界也就多了很多和谐，少了很多不必要的争斗。

第2章
如何避免两败俱伤：囚徒困境

我们每个人都追求利益的最大化，这就是悲剧产生的原因，自私使人们陷入囚徒困境中不可自拔。无论是商业活动还是我们日常的生活，处处都有囚徒困境的事例。人类不是天使，因此，你就应该学会合作来破解这种困境，找到境地外的突破口。

谁才是凶手："囚徒困境"的故事

在博弈论中，关于囚徒困境，有个著名的故事：

这天，某个富翁在家中被杀，现场一片狼藉，富翁家的财物也被盗，通过调查，经常抓到了两名嫌犯。并且，经常也在这两名嫌犯家中搜到了富翁家中所丢之财物，但是这两名嫌犯都否认自己杀过人，只是承认自己在发现富翁被杀后顺手牵羊。那到底谁是凶手呢？

当地的警察深知他们肯定有一人是凶手，但也苦无证据，于是，他们采取一个措施，将这两名嫌犯分别关押起来，将他们分开审讯。

不难发现，此时，这两名嫌犯都可以做出自己的选择：要么保持沉默，要么供出他的同伙。这两个嫌犯都知道，如果他俩都能保持沉默的话，就都会被释放，因为只要他们拒不承认，警方无法给他们定罪。

但警方也明白这一点，所以他们就给了这两个囚犯几个选择：

若一人认罪，并供出了对方（相关术语称"背叛"对方），而对方保持沉默，那么，此人即将被释放，而对方会被判刑10年；

若二人都保持沉默（相关术语称互相"合作"），则二人同样判监1年。

若二人都互相检举（相关术语称互相"背叛"），则二人同样判监8年。

那么，面对这样的情况，这两名囚犯该怎样抉择呢？他们是该选择合作还是背叛呢？

从上面我们给出的几个选择中，不难发现一点，对于两人来说，最好的选择就是合作，因为只要他们合作，在毫无证据的情况下，他们就会被释放。

然而，每个人都有自己的心思和想法，也会考虑对方会怎么做，于是，接下来的情况就出现了：

A犯很精明，他很快会想到，他的同伙不是那么侠肝义胆的人，他怎么可能不向警方出卖自己呢？也许他现在正向警察提供证据，然后马上就要拿着警方的奖赏出狱呢？"不行，我绝对不能让他得逞。"但他更精明的是，他考虑到他的同伙现在可能也在这样设想他，所以，A犯的结论是，"无论如何最正确的方法就是背叛同伙，把一切都告诉警方"，因为他还料想到一种情况，假如他的同伴是个愚笨且沉默的人，那他真的就能大摇大摆地带着赏金离开了。当然，他还想到，如果他的同伙也是按照这一逻辑思考的话，他也会向警察坦白从宽，那么，A犯反正也得服刑，起码他不必在这之上再被罚款。

所以，最终的结果就是 这两名囚犯都用了自己想通的逻辑来思考，最终，他们也获得了相同的惩罚：坐牢。

这就是博弈论中著名的囚徒困境。之所以称为"困境"，是因为这个博弈的结局对双方来说都是最坏的结果。而之所以有这样的结果，是来源于人类自私的天性，而警察之所以能找到真凶，将这两位凶手绳之以法，也是利用了人类的这一天性。

在警察局，我们常常看到"坦白从宽、抗拒从严"这八个大字，从博弈论的角度看，这其实上就是一个囚徒困境的应用。而在我们的生活中，囚徒困境的案例，我们也能随处看到。比如，在交通拥挤的道路上，所有人都在排队等待前面的车先过去，而假如有个人拐进人行车道，那么，他就会占到便宜。而如果每个人都不遵守规则，都抄近道，那么，交通将陷入一片混乱，谁也别想顺利把车开走。

从这一困境中，我们也可以得出启示：在与他人打交道的过程中，我们要想避免这样两难的境地，首先要有的就是信任，能保证这一点的，就是盟约。没有起码的信任，切不可贸然合作。再者，还要用诚意，这是继信任之后的，如果没有诚意或者太过贪婪，就可能闹到双方都没有好处的糟糕情况。

另外，选团队成员时，就要像在激流中寻找同船人一样，你要找的是跟自己往同一个方向求生的人，也就是说，外面已经这么险恶了，一定不能找会背后捅自己一刀的人。

当然，最重要的是，与人合作，一定要保证交流的畅通，这才是避免囚徒困境最重要的方面。

博弈论小贴士：

囚徒困境的出现，都是因为人类自私的天性。生活中，我们都明白背叛并不一定会给我们带来最大的利益，但很多人依然选择背叛，这也是利益驱使。

到底是合作还是背叛

根据囚徒困境，我们发现，对于被关押在不同房间的嫌疑犯来说，选择抵赖很明显是他们最明智的选择，这能让他们免除刑罚，然而，我们看到的是，从古至今，面对利益的冲突，很多时候，人们仍然选择了合作，这是为什么呢？

因为现实生活中的博弈，与游戏是截然不同的，通常来说，游戏中的博弈是一次性的、单一的，而现实生活中，作为博弈的对象，我们是需要多次沟通的，因此，游戏中的完美的博弈的规则，也就没有成为人们的首选。

其实，除了把什么样的竞争对手踩在脚下，我们还有其他行之有效的方法可以供人们选择——合作。

事实上，我们都知道，合作在当今社会的重要性，为了扩大实力、获得利益，我们有必要放下成见，与对方合作。

比如，2000年，"美的"进入微波炉行业，面对这一威胁，"格兰仕"大手笔地以20亿元进入冰箱和空调行业，于是，接下来这两大家电就进入了激烈的角逐。面对这一局势，很多人做出分析：这场斗争将会分为两个阶段，第一个是针锋相对阶段，此时，他们是非合作的、竞争激烈的，甚至会出现恶性竞争。第二个阶段则是在双方都尝尽竞争之苦后做出的合作决策，他们很可能联合起来瓜分市场，在竞争中实现合作和双赢。

其实，在我们生活的周围，也有很多类似的合作的景象。然而，面对合作还是背叛，有时候，一些人之所以选择后者，无非有两个原因，第一是出现了比与合作更高的诱惑；另一个原因是信息沟通不顺。

营销学里有一个著名的"250定律"，是美国著名推销员乔·吉拉德总结出来的。通过与客户打交道的过程，他积累了很多的销售经验，于是，他总结出：每一位顾客身后大约有250名亲朋好友，如果你赢得了一位顾客的好感，就意味着赢得了250个人的好感；反之，如果你得罪了一名顾客，也就意味着得罪了250名顾客。销售人员与顾客的交往如此，人与人之间的沟通也如此。所以，认真对待你身边的每一个人，尤其是博弈的对手，会帮你赢得对方的信任，让生活充满热情，让工作更有效率。

此外，我们还可以从困境中囚徒的心理，来让对方主动伸出友谊之手与我们合作，因为通常来说，面对潜在危机，人们都会有"宁可信其有不可信其无"的心理，此时，我们完全可以抓住对方的这一心理，从而帮助我们摆脱危机。

《韩非子·说林上》所写的这一段伍子胥的故事："子胥出走，边候得之。子胥曰：'上索我者，以我有美珠也。今我已亡之矣。我且曰：'子取吞之。'候因释之。"

伍子胥从楚国出逃，被边关哨卡捉住。

斥候对他说："你是逃犯。，必须将你抓去面见楚王！"伍子胥说："楚王确实正在抓我。但是你知道楚王为什么要抓我吗?是因为有人跟楚王说我有一颗宝珠。楚王一心想得到我的宝珠，可我的宝珠已经丢失了。楚王不相信，以为我在欺骗他。我没有办法了，只好逃跑。现在你抓住了我，还要把我交给楚王。那我将在楚王面前说是你夺去了我的宝珠，并吞到肚子里去了。楚王为了得到宝珠就一定会先把你杀掉，并且还会剖开你的肚子，把你的肠子一寸一寸地剪断来寻找宝珠。这样我活不成，而你会死得更惨。"

斥候信以为真，非常恐惧，赶紧把伍子胥放了：伍子胥终于逃出了楚国。

看了这个故事，令人感慨万端。我们不得不佩服伍子胥的机敏，他之所以能成功脱逃，是因为他给斥候设置了一个困境：如果他不放走伍子胥，那么，他就很有可能被杀、被剖腹。斥候是理性的，各种利弊得失，他很清楚，也就顺理成章地放走了伍子胥。

因此，从这个故事中，我们也不难看出一点，有时候，如果你不幸掉进别人带给你的困境中，那么，你不妨也为对方设置一个困境，这样，对方就不得不与你站在同一条战线上，与你成为"一条绳上的蚂蚱"，那么，他也只有一个选择性：与你合作。

博弈论小贴士：

遭遇囚徒困境，如果你认为彼此是一锤子买卖，如果你认为彼此今后很难相遇，如果你认为不太关心对方的利益，那么，你可以选择背叛，而如果你认为未来是重要的，那么，你最好选择沟通与合作。

旅行者困境：小聪明使不得

在博弈论中，与囚徒困境类似的，有个"旅行者困境"，它是一种非零和博弈，博弈双方都为了让自己收益最大化，而不考虑对方收益。该博弈是1994年由考希克·巴苏教授提出，博弈情形如下：

两名旅客找航空公司托运两件行李，当他们打开行李包时，发现行李包里面的两只花瓶打碎了，这两名乘客甲和乙是互补认识的，而巧的是，他们的行李包和包里的古董花瓶居然是一样的，两位乘客都向航空公司索赔100美元。但航空公司的人则认为这两只花瓶最多值个八九十美元。那么，到底怎样评估出花瓶的真实价格呢?

接下来,聪明的机场负责人做出了这样的举动,他将两位乘客分开以避免两人合谋,分别让他们写下古董的价值,如果两人写的一样,航空公司将认为讲的是真话,则如数赔偿;反之则价格写的低者为真话,按写低者的价格赔偿,并奖励其2美元,对写高价格者认为是讲假话而罚款2元。

这样就开始了一场博弈。本来,为了获得最大赔偿,双方最好的策略就是都写100美元,获赔100美元。然而,甲乙两人都是聪明绝顶的人,其中,甲精明地认为,如果自己写99美元,而乙写100美元的话,自己就会得到101美元;乙当然也不傻,甲的想法他早猜到了,他算计到甲会算计他写99美元,而准备写98美元;可甲更聪明一个层次,算计到乙会写98美元而准备写97美元……如此重复博弈下去,两人都"彻底理性"地能看透对方十几步甚至上百步的博弈过程,最后落到每个人都写0美元。

在我们的现实生活中的,当然很少会出现这样的事情,但巴苏教授是要告诉我们:

一方面,人们应该为自己考虑,但是不能太自私、"精明",因为聪明不等于精明,太精明的人往往会坏事,你看三步,他看五步,那么,相互算计下,大家都会失去理智,最后,谁都捞不到好处。

另一方面,绝对的理性是不被提倡的。可能你常常听到周围的人的警告——"逢人只说三分话,未可全抛一片心",这当然足够理性,甚至可以说是前辈和长辈们的至理名言,然而,如果我们每个人都如此理性,那么,最终我们获得的也许只有那"三分的真话",人际间的隔阂也就越来越深。所以,对于纯粹的"理性",我们也要辩证地看待的,否则事情的结果会与初衷大相径庭,非但损人,而且不利己。

"聪明反被聪明误"我们每个人对这句话都不陌生。生活中的人们,谁都希望自己聪明,聪明的人希望自己更加聪明,没有人愿意承认自己是个傻子。聪明不是坏事,但自以为聪明,总认为自己了不起,往往就会做出"聪明反被聪明误"的事情来。正如世人对红楼梦中的王熙凤的评价:"机关算尽,反误了卿卿性命。"机关算尽、玩弄权术的她,到头来是搬起石头砸了自己的脚。

另外，历史上的杨修也是个玩弄小聪明最终丧失性命的人。

三国时期，杨修虽然颇具才能，但他最大的短处就是表现自己，喜欢在曹操面前邀功，这是其身边的同僚都知道的事情。当时，曹操的儿子曹植，很喜欢杨修的才能，常常邀请他到家里谈论逸闻趣事，整夜都不休息。曹操和众位大臣商议，想立曹植为太子。曹丕听说了，就密请朝歌长吴质到他府中商量对策。又怕被人发觉，就让吴质藏在一个大筐里，上面放些布匹，用马车把吴质拉进了曹丕府中。

正好杨修看见了吴质从筐里爬出来。他和曹植是好朋友，当然希望曹植能当太子，于是，就跑去向曹操告密。曹操派人在曹丕府前检查，曹丕慌忙告诉了吴质，吴质当然知道杨修的短处，猜想他会去告密。于是，吴质说："不用担心，明天用大筐装上布匹拉到府里来，迷惑一下他们。"第二天，曹丕就派人按吴质所说的话去做了。

曹操派的人检查了几次，发现全是布匹，就回去把情况报告了曹操。曹操怀疑杨修陷害曹丕，从此对他十分厌恶。

在这个案例中，杨修将自己的短处展露无遗，无疑给别人一个可趁之机，结果聪明反被聪明误，成为曹操的眼中钉，最终丢了性命。

宋代大文豪苏轼口中："人皆养子望聪明，我被聪明误一生。"由此可见，吃亏的人，常常是自认为自己聪明、然后自恃聪明且不知适可而止的人。聪明是一种智慧，但人就怕太聪明，聪明过头就会陷入一种盲目。我们每个人都不要为了利益而太过算计，精明过头往往没有好的下场。

博弈论小贴士：

当你在内心琢磨一些蝇头小利、打小算盘的时候，你在揣度对方心理的是，对方又何尝不是呢？所以，太过聪明、算计太远未必是好事。

胆大的南郭先生：机制漏洞下的便宜

前面，我们已了解到在博弈的时候集体背叛的下场——谁都有可能得不到好处，那么，如果在一个集体中，大部分人都在合作，而一个或者少数人选择了背叛，又是什么样的情况呢？我们常听到有人说"一粒老鼠屎坏了一锅粥"，对于集体来说，这粒"老鼠屎"的存在确实是坏事，但对于个人而言，他很有可能因背叛集体而捞到好处。滥竽充数的故事就说明了这一点。

战国时，齐国有一位喜欢寻欢作乐的国君叫齐宣王。他派人到处寻找能吹善奏的乐工，组成了一支规模很大的乐队。齐宣王尤其爱听用竽吹奏的音乐，每次演出的排场都不小，总要集中三百名乐工一起吹。

有个游手好闲、不务正业的南郭先生，知道齐宣王乐队的待遇很优厚，就一心想混进这个演奏班子。可是他根本不会吹竽，不过他知道齐宣王喜欢所有的乐工一起演奏，自己若是混在里头、装装样子、充充数，谁看得出来！

南郭先生终于千方百计地加入了这支乐队。每当乐队演奏时，他就学着别人东摇西晃，有模有样地'吹奏'。由于他学得惟妙惟肖，好几年过去了，居然也没露出破绽。

直到齐宣王去世后，他的儿子齐湣王继承王位。齐湣王和他的父王一样，也喜欢听竽。但是他却不喜欢合奏，而爱听独奏。他要求乐工们一个个轮流吹奏给他听。这下子，冒牌充数的南郭先生可紧张了，他的心里七上八下的，眼看就要露出马脚了，欺君犯上的罪名，他可担当不起啊！只好赶紧收拾行李，慌慌张张地溜走了。

看完这个故事，也许我们认为南郭先生的行为很可笑，我们也会告诉自己，一定要勤奋努力，才会有真才实学，千万不能指望蒙混过关。然而，从博弈论的角度看，我们发现，其实南郭先生确实有过人的胆量。

在所有人都参与的这一博弈中，不难看出，对于其他人来说，他们最优的选择都是不吹，但因为惩罚机制的存在，他们都不敢不吹，因为一旦违背齐宣王的命令，他们都会受到惩罚。而南郭先生为什么敢做这个特例呢？因为他是聪明的，在这一机制中，他发现了漏洞，。表面上看，他是个反面教材，我们也被教育不要耍小聪明，但我们也不得不承认南郭先生的机智，当然，他也明白自己这样做的风险，但风险不大，他了解在现有的机制下，他的做法是不太容易"穿帮"的。而机制一变——当继承王位的齐湣王喜欢听独奏、南郭先生发现老办法行不通时，他就逃之夭夭了。

在这个博弈中，南郭先生白吃白拿了好几年，到最后也没有任何损失。

这就是老百姓们通常所说的"撑死胆儿大的，饿死胆儿小的"。南郭先生胆子大，所以他占足了便宜。而现实生活中的成功者，大多是"胆儿大"的、敢空手套白狼的。

再把时间推移到20世纪80年代的中期的经济改革，始于20世纪80年代初期的中国经济改革的一个主要成就，就是打破"大锅饭"。不难理解，所谓的大锅饭，就是公社化运动。而大锅饭的存在，自然就有偷懒却能吃上现成饭的，这就是机制中的漏洞。而改革后，实行了农村家庭联产承包责任制，那么，结果就是，即便所有人都知道偷懒是自己的最优选择，但是没有人会这么做，因为没有劳动成果，他们就面临着生存和发展的危机。

这里，我们就明白为什么所有的企业、组织都要对员工实行岗位责任制、实施绩效考核。因为只有这样，才能保证分配的公平，才能激发大家努力工作的动力，才能出现能者多劳的情况，否则谁也不愿意让他人来分享自己的劳动所得，其结果必然是陷入囚徒困境。

总之，我们可以用"囚徒困境"来解释那些钻空子的"南郭先生"的出现：胆大，虽然有风险，但是会出现可观的收益，一般来说，这些风险也是在自己可承受的范围内。而胆小的，就有可能是等死，即便不是等死，也不会有多大的成功。无可厚非，最优策略是胆大、冒险！险中求胜、找到机制中的漏洞，是很多成功者之所以成功的一个重要原因。

博弈论小贴士：

在有多数成员组成的博弈中，如果机制存在漏洞，就很容易出现南郭先生这样胆大和钻空子的人，要改善这一情况，首先，就要完善体制；另一方面就要依赖于其他成员的监督。

两难中的第三条道路你找到了吗

我们的现实生活就像一场场博弈，我们也会遇到两难的境地，此时，到底是选择背叛还是合作？难道就没有出路了吗？其实，现实生活中的博弈远比游戏更复杂，我们的选择也未必局限在这两者之中，因为人的思路是活的，只要我们勇于突破，就能找到第三条道路。

比如，面对他人的压制、嘲笑甚至侮辱，你怎么办？此时，选择抗争势必会影响到自己的利益，而选择妥协，就是放弃原则或者自尊，那么，我们可不可以在抗争和妥协之间找到第三条道路呢，答案是肯定的。我们先来看看富兰克林的故事：

富兰克林出生在一个世代打铁的工匠家庭，后来12岁的小富兰克林流落到费城，有一个叫凯谋的阴险狡猾的人雇用富兰克林帮他管理印刷铺子厂。当时富兰克林已经是一个熟练工人，他想，既然答应接受这份工作，就应该尽力做好。于是，他就每天教其他工人一些技术，甚至把自己发明出来的制作字模的方法也传授给了这些人。

过了一段时间，凯谋发现自己廉价雇佣来的工人已经基本掌握了排版印刷技术，于是就开始无缘无故找富兰克林的麻烦，无端克扣他的工资。富兰克林说："凯谋，别绕弯子了，你可以赶我走，不过，你放心，我富兰克林不会因为你的卑鄙就传授给他们错误的技术，将来你解雇他们的时候，他们凭借自己的手艺也可以很容易地找到工作。"说完，富兰克林收拾行李就离开了铺子。

富兰克林的做法是对的，不与卑鄙小人制气，选择离开，是一种淡定的表现。

人生需要更多的智慧，人生也必须有智慧能力解决问题。除了对抗和妥协以外，我们往往还能找到更恰当的方法。不以消灭对方或简单暴力结束彼此关系，可以给自己和冲突方最大的回旋余地，何乐而不为？比如，对待一个长舌妇，以牙还牙就失去了身份。一笑而过、沉默不语也未必不是一种很好的还击方法，必将使之气滞羞愧。

生活中，那些做事太过认真，爱较真，或者说死心眼子的人，在人际交往中，总是吃不开。这就再次证明，"难得糊涂"，确实是一剂人生"良药"。小则使自己免受伤害，大则能助自己飞黄腾达。因此，"难得糊涂"就不只挂在墙上、摆在案头了，它已经深入到许多成功者、或希望成功者的心头，真的成了人生的信条。

然而，我们的生活中，有太多这样的人，他们做人做事太过较真，他们总认为，做人不认真就是不可靠的表现，于是，为了坚持自己的观点，他们不惜与众人树敌，他们忽略的是，做事要认真，做人却需要一点圆滑的机智，否则就会处处受阻。

以退为进，也不是一味忍让，而是为了实现双赢。在《将相和》的故事中，蔺相如一而再，再而三地忍让着廉颇，终于使廉颇认识到自己的错误，使自己和廉颇都能各尽其用，使赵国繁荣昌盛。李嘉诚不贪小利，对于失败的竞争对手，他并没有死追穷打，留条财路给他人，最终使他自己成为亚洲第一富豪。以退为进，不仅为自己，也为了别人。

在生活和工作中，认真是必须的，但是认真过了头，就会使自己失去退路。面对强势的人，忍让一时又何妨？忍耐并非懦弱，而是一种淡定。俗话说：忍字头上一把刀，这把刀让你痛，也会让你痛定思痛。这把刀，可以磨平你的锐气，但也可以雕琢出你的勇气。百忍成钢，当你的心性修炼得犹如镜子般明彻、流水般圆润时；当你切切实实生活在不以物喜，不以己悲的宁静中时；当你发觉胸中不断流动着"虽千万人而吾往矣"般的勇气时，历经千锤百炼，你的刀也就炼成了。

当今社会，处处存在激烈的竞争，与他人之间的博弈，难免会产生利益的冲突，此时，那些以大局为重、聪明的人都绝不会逞一时之勇，与对手斗气，而是先隐忍过去，以退为进，隐藏实力，并伺机而动，厚积薄发。的确，尤其是当自己还羽翼未丰时，更要懂得韬光养晦术，这是保存实力、积蓄力量的重要的手段。

博弈论小贴士：

当你处于囚徒困境中时，不必纠结于两者之间的选择，如果你能跳出思维的框框，你就很容易能找到出路。

知己知彼，先找到对方的软肋

中国人常说："以弱制强"。很多人输给对手，并不是因为对手比自己强大，而是败在自己的弱点上。当我们的软肋被对手掌握后，就意味着对方掌握了主动权。换个角度来讲，当你面对劲敌时，硬攻不一定是最好的方法。要打败对方，就要找到其软肋，从其相对脆弱的地方出手，给对手一个出其不意，对方必定毫无招架之力。

可以说，现实生活中的博弈，就是一场斗智斗勇的过程，知己知彼，谁掌握了对方更多的信息，就越容易找到对方的软肋。

阿喀琉斯，是凡人泊琉斯和美貌仙女忒提斯的宝贝儿子。忒提斯为了让儿子炼成"金钟罩"，在他刚出生时就将其倒提着浸进冥河，遗憾的是，乖儿被母亲捏住的脚后跟却不慎露在水外，全身留下了唯一一处"死穴"。后来，阿喀琉斯被赫克托尔弟弟帕里斯一箭射中了脚踝而死去。

后人常以"阿喀琉斯之踵"譬喻这样一个道理：即使是再强大的英雄，他也有致命的死穴或软肋，即使再理性的人，在博弈中，也不可能做到绝对的理性，人不是机器，只要我们细心留意，就能发现蛛丝马迹。

"二战"结束前夕，美军和日本的两支军队在太平洋的一个小岛上发生了一次争夺战。

日方的军队很精明，他们先早这座小岛上修建了很多地堡，而这些地堡大多建筑在熔岩之下，因此，坚固无比，美军根本无法攻进去，这让美军感到很无奈。

这时，一个工程技术员献计说："我相信，再坚固的地堡都是有弱点的，只要我们找到他们的弱点，我们就能想办法攻进去，那样，我们就成功了。"

第二天，美军一改以往的作战方法——他们不再进行炮击，而是把这些火力器械改为推土机，当这些推土机出现在地堡前的时候，日方军队都愣住了，他们完全以为美军研发出来了一种新型武器，而当他们回过神来的时候，美军的推土机已经将所有的地堡通道口堵死了。

原来，这位工程技术人员只是转换了一种思维方法，既然无法攻进去，那么，就让这些日本人出不来，于是，美军采纳了他的建议，用坦克把事先搅拌好了的快速凝结的水泥推向地堡的通道。很快，这些水泥在被倒入通道口之后就凝结住了，日军很快就失去了抵抗之力，美军终于夺得了该岛。

这里，我们不得不佩服这位工程技术人员的智慧，他就是从反方面考虑，找到了日军碉堡的弱点，然后乘其不备攻破对手。因为，对手的弱点就是取得胜利的突破口。其实，现实生活中，我们在与对手博弈的过程中，也可以采用这一方法，因为即使再强大的人，也有其弱点。

在生活中，我们要想战胜对手，就要先做好准备工作，只有找到对方的软肋，然后挖掘自己的强项，才能以强制弱，这样，胜利的概率才能大得多。那么，我们该如何通过冷读术找到对手的薄弱环节呢？

第一，先收集资料，资料收集得越详细越好。

第二，仔细研究资料，找到对方的弱点和长处。

其三，掌握好时间，尽量在对手毫无察觉的情况下迅速出手，给对方一个措施不及。

当今社会，竞争之激烈早已毋庸置疑，我们若想打败我们的竞争对手，也要掌握一些冷读技巧，找到对方的要害、乘胜出击，就能始终立于不败之地。

从下例印度画商与美国画商的较量中，我们可以得到很好的启示：

这天，在一间比利时的画廊里，发生了这样一件事，引来很多人观看：

买卖双方分别是来自美国的和印度的，这位印度商人对于自己的其他画都开价在十美元左右，唯独对这个美国人看上的几幅画要价在二百五十美元，这让这个美国人感到很苦恼。于是,他决定还价看看。

谁知道,就在美国人提到画太贵了时,印度商人突然来了气,将自己的一幅画当场烧掉了。这让美国人很心疼。于是,他好言相劝,希望接下来的几幅画能便宜些,但他哪里料到,印度人居然又烧掉了一副。

最终,这个爱画如命的美国人再也沉不住气了,最后只好乞求画商不要烧掉这最后的一幅画,愿意将它买下来。

印度商人为什么会烧掉自己的画?难道他不觉得可惜?其实,他所做的这些,都是有备而来的,他早已看出了这个美国人爱画如命的心理弱点,果然,最终,这个美国人还是乖乖地付了原来的价钱买下了画。

总之,我们需要记住:我们生活的任何一个环境中,都是存在竞争的,要想打败别人,必须要多动脑筋,善于抓住他人的软肋,这才是制胜的良方。

博弈论小贴士:

每个人都会有弱点,利用敌人的弱点就能多一分胜算。另外,我们每个人也应该认识自己的弱点,在与对手博弈的过程中,就必须学会克服自己身上的弱点。

优势互补,合作才能双赢

现实生活中,在人际间的博弈中,我们大部分人都希望能赢取最大的利益,受到利益的驱使,谁也不肯退一步,那么,最终就会出现了博弈论中的囚徒困境,对方也会全力反击,最终弄得两败俱伤。而且,敌对形势一旦形成,双方就很难全身而退。两败俱伤是我们想要的结果吗?当然不是!那么,为什么不找到一个更优化的策略呢?这个策略就是优势互补,选择合作,合作才能双赢。

我们先来看看客户主管杨鑫的谈判经历:

杨鑫是一家油漆公司的销售主管,他们公司推出的油漆有环保、无异味的特点，很适合现在家居环保的要求。正是这一优点，杨鑫所在的这家公司的生意一直做得很好。

最近，他联系了一家地产公司的李经理，他们洽谈了许多合作事宜。但是，李经理坚持要降价，这一点让杨鑫很为难，他需要回去和上级领导商量，于是谈判暂时搁置。不久后，杨鑫和李经理再次坐在了谈判桌旁。

"李总，你好！关于您提出降价的条件，我已经与公司上级领导商量过了。我们都觉得，如果您能在贵小区优先替我们旗下的新油漆公司做广告宣传的话，我们公司愿意以最低的价格与您这样的大客户长期合作。"

"不好意思，我们从不会为住户主动推荐那种油漆。"

"您误会我的意思了，我们并不是希望您推荐，我们只需要一个安全的宣传环境就行。"

"你们要宣传多久？"

"从开盘开始后的一年内。"

"可以。"

最终，李经理以最低的价格落成了新的楼盘，而杨鑫所在公司旗下的新产品油漆也得到了大力的宣传，销量很好。

案例中，作为谈判方的代表，杨鑫的聪明之处，就是利用了双赢这一原则，让客户和销售员都实现了利益互补，交易达成必然水到渠成。

在博弈中，我们通常被要求遵守规则——不主动侵犯他人的利益，但实际上，在利益面前，这一规则通常会变得模糊，也会在你看来，你循规蹈矩追求利益，但这并不一定是对手的想法，他有权对你做出"回应"，这里的"回应"，当然是报复，而接下来，利益受到损害的你也不会坐以待毙，那么，冤冤相报的状况就形成了。而造成这一糟糕局面的一个最为重要的原因就是，双方都追求利益的最大化。

以做企业为例，我们不难发现，大凡能在市场上长期站稳脚跟的企业都懂得双赢的道理，这是能长期维持合作关系的前提。的确，如果你一心想着如何占对手的便宜，你要么会因为贪婪的心理而误入歧途，要么会驻足不前没有业绩。做生意终究还是赚取利润。所以能实现双赢是一种很理想的状态。

策略的好坏，决定于游戏规则。改变自己的态度，不要每次都将胜利作为目标，那么，也许你能跟对手都能走出囚徒困境。

A公司与B公司同样生产皮革，他们的产品都是供给制鞋公司做生产原料。起初，两家生产皮革的公司互为仇敌，互相抵毁，结果制鞋公司从中获取了好处。制鞋公司趁机压价，两家皮革公司遭受了严重的损失。后来A公司和B公司意识到了这一点，于是两家公司联手，这才挽回了局面。正所谓"鹬蚌相争，渔翁得利。"因此，在商场上没有永远的敌人，对于竞争对手，要以朋友的心态对待，并与对方结成战略同盟，一起维护共同的利益。

两家公司由敌人变为朋友不难看出敌人都是一时的。在人际交往、政治斗争中，敌人不是永远的，同样，商业竞争上，敌人也是一时的。

生活中，我们常常听到一句话："没有永远的敌人，只有永恒的利益。"这句话的意思是，交往双方之间的关系，不一定是完全敌对的或者是完全友好的，它是变化的，而主宰这一关系的，就是利益。我们发现，这句话小到可以从生意场上的交往，大到国际间的来往。打个很简单的比方，两个国家之间，他们所使用的语言不同，但却为了交涉某个利益问题而坐下来协商；两个曾经势如水火的人，也可能为了达到某个共同的目的而握手言和。在生意场上，过去的合作伙伴为了各自的利益，瞬间就成了竞争对手！反过来，竞争对手也可以为了共同的利益关系变成合作伙伴！

总之，最大的胜利不是压倒对方，而是引导对方采取对大家都有利的策略，即通过合作达到双赢。

博弈论小贴士：

取长补短、优势互补是一个很重要的合作方式。主动沟通、相互依赖、有效合作，才能使大家都能得到更好的生存和发展。

"哈丁公用地"悲剧：如何防止公共资源的过度开采

在前面的囚徒困境这个试验中，我们得知，两个囚徒如果选择互相抵赖，他们的收益是最大的，而一个人如果选择背叛，那么双方的利益就会受损。假如参与博弈的人很多，那么，集体背叛的后果将是可怕的。这样的事例其实在生活中早已屡见不鲜，比如，环境的恶化、拥挤的道路等。

关于这一点，博弈论上有个著名的"哈丁公用地悲剧"，这个寓言能说明从整个社会的角度看为什么共有资源的使用大于合意的水平。

1968年发表在《科学》杂志上的《公用地悲剧》一文，作者加勒特·哈丁总结出一个著名论断"公共资源的自由使用会毁灭所有的公共资源"。

一个古老的英国村庄，有一片向一切牧民开放的牧场。当牧民养牛的数量超过草地承受的能力时，过度放牧就会导致草地逐渐耗尽。尽管草地的毁灭最终会使每个人的利益都受到损害，但每个人计算的仅仅是自己增加一头牛的收益会高出自己所付的成本，因而会尽可能的增加牧牛的数量。这使得每个人在追求自身利益最大化的过程中，实际上在共同损害着包括自己在内的每个人的最大利益。最终结果可能是所有牧民的牛均饿死。

这就是公共资源的悲剧，也称为"哈丁公用地悲剧"。在几乎所有的公有资源例子中，都产生了与公用地悲剧一样的问题：私人决策者过分地使用公有资源。政府通常管制其行为或者实行收费，以减轻过度使用的问题。美国学者哈丁在一篇重要而具影响力的文章中提到，不加限制的个人选择可能给社会带来灾难。

对公用地悲剧的防止有两种办法：一是在制度上的，二是在道德约束上。

他的结论是：世界各地的人民必须意识到有必要限制个人作出这些选择的自由，接受某种"一致赞成的共同约束"。

这里，所谓制度上的方法，有很多方面，可以是公共的，也可以是私人的。以工业污染为例，在法律条例和公共管理政策设立之前，工厂便会肆无忌惮地向河水中排放污水，导致河流的污染、环境的恶化。居民个人也会得到暗示，他们也可以向河流中丢弃垃圾等。对此，相关部门就应该采取制度创新，将河水的清污工作内化为企业的成本，或是完善惩罚制度，假如听之任之，就会像上例中的公用牧场一样被逐渐毁灭。

再谈到人口膨胀的问题，如果没有人口政策的约束，生多少孩子就是个人的决定，于是，在经济能力许可的范围内，人们会尽可能地生孩子，每个人都抱着同样的想法，久而久之，就真的发生了人口膨胀问题。不过，庆幸的是，生孩子在现代已经成为一种权利，而不是自由。

再提到经济中的期货管理，很多时候，期货竞争真的就像陷入血腥的"红海"，在有限的市场份额中，互相争夺有限的利润，无论采取传统的"低成本"战略还是采取激进的"掠夺"战略，都不能使公司有良性的发展，共用地的悲剧却在期货界重演。仔细分析期货公司之间的竞争悲剧关键所在就是公司相互争抢客户导致恶性竞争，以致佣金收入过低，然而在分析公司客户结算情况，收取客户的佣金并没有降低，是谁动了期货公司的奶酪？是谁导演了这场悲剧？现实中的期货公司大都对居间人的管理松散，对居间人作用也没做到深度的认识，使居间人对期货公司没有信任感、公平感，更没有责任感。在此情况下，滋生了居间人追求利益最大化、短期化，在各家期货公司之间串来游去，今天给这家期货公司要求降低公司佣金，明天给那家期货公司谈分成比例。

另外，对于土地的使用，我们可以采取的是，对此采取收费政策，以减少土地的使用，但这一政策在某些特殊场合并不适用，比如，控制被污染的空气从一个国家飘到另外一个国家，被污染公海的治理等。

在一个信仰平等自由的社会里，每一个人都在无限制地追求自己的最大利益，从而毁灭将成为大家不能逃脱的命运。

博弈论小贴士：

在面对共同利益的时候，为了防止公用资源的过度开采，我们最好订立一个公正、公平、公开的规则，这个规则，订立得越早越好，在规则的约束下，人人按章办事，这才是最优选择。

第3章
弱势时的借力策略：智猪博弈

我们的生活中，也有典型的智猪博弈，有人做"小猪"，舒舒服服地躲起来偷懒；有人做"大猪"，疲于奔命，吃力不讨好。但不管怎么样，"小猪"笃定一件事：大家是一个团队，即使有责罚，也是落在团队身上，所以总会有"大猪"悲壮地跳出来完成任务。想一想，你在组织和企业中扮演的角色，是"大猪"，还是"小猪"？

智猪博弈的故事："小猪"是如何吃上免费的午餐的

经济学上有一个"智猪博弈"的案例：

在一个猪圈里，有两头猪，这两头猪个头差距很大，一只体型肥壮，一只是幼猪。在猪圈的一头，有个食槽，在另一头，则是控制猪食的踏板。踩一下踏板就会有猪食进槽，我们将其定为十个单位。而踩一下踏板，就会要付出两个单位的劳动。首先，我们假设大猪先踩踏板，而小猪选择等待在槽边，那么，十个单位的食物，大小猪吃到的比例是9：1；同时到槽边，收益比是7：3；小猪先到槽边，收益比是6：4，那么，两只猪各会采取什么策略？答案是：小猪将选择"搭便车"策略，也就是舒舒服服地等在食槽边；而大猪则为一点残羹不知疲倦地奔忙于踏板和食槽之间。

为此，我们可以划分出这几种情况：当大猪去踩踏板的时候，如果小猪选择等待，那么，它的收益是4，行动的收益是1；当大猪选择等待时，小猪选择行动的收益是-1，选择等待的收益额是0。也就是说，无论哪种情况，小猪选择等待的益处总是大于行动。即等待是小猪的占优策略。

生活中，我们周围的许多人并未读过"智猪博弈"的故事，但是却在自觉地使用小猪的策略。比如，在公司里不努力创造业绩而等待分一杯羹的人、股市上等待庄家抬轿的散户；等待产业市场中出现具有赢利能力的新产品、继而大举仿制牟取暴利的游资等。因此，制订各种经济管理的游戏规则的人，必须深谙"智猪博弈"指标改变的个中道理。

也许一些人会感叹，让"小猪"享受现成的利益，这是不公平的，也有一些人，他们势单力薄，不知如何生存，其实，无论是"大猪"还是"小猪"，深谙智猪博弈，都会让你做出更精明的决策，也就不再怨天尤人或妄自菲薄。比如，在小企业经营中，学会如何"搭便车"是一个精明的职业经理人最为基本的素质。在某些时候，如果能够注意等待，让其他大的企业首先开发市场，是一种明智的选择。这时候有所不为才能有所为！

另外，如果你是一名企业的管理者，那么，你要善于利用各种有利的条件来为自己服务。"搭便车"实际上是提供给职业经理人面对每一项花费的另一种选择，对它的留意和研究可以给企业节省很多不必要的费用，从而使企业的管理和发展走上一个新的台阶。这种现象在经济生活中十分常见，却很少为小企业的经理人所熟识。

再有，细心的你可能已经发现，在很多大的商场、宾馆旁边有很多小商店、小摊贩、小酒楼，这是因为这些大型的企业、商店已经投入了广告费用，已经有足够多的客源，选择在他们附近的位置经营，能很轻松地分一杯羹。

再比如，日常生活里，一家澡堂，每天都有一些人前来洗澡的，但人们似乎习惯了先把凉水放完，然后等待热水，这个过程是辛苦的，尤其是在冬天的时候，而聪明的人则不会第一批来洗澡，结果就是，他们能享受到现成的热水。

总之，"智猪博弈"故事给了竞争中的弱者（小猪）以等待为最佳策略的启发。弱者也不一定要被欺，只要你学会沾强者的光，只要你学会等待，你就能吃到免费的午餐。

博弈论小贴士：

关于博弈，最早的一条思考结论莫过于有人欢喜有人忧，鱼与熊掌不可兼得。谁是游戏的掌控者，谁就能获得最大利益。有时候，明明你有很多选择，但却发现，你的选择却已经被他人决定了。有人可以不劳而获，有人却是劳而不获。回头看，是自己走错了路而已。因此，勤奋不一定就是对的，守株待兔有时也是很好的选择；当然，我们还要把握时机，掌握对方的动态，不然我们是无法沾到强者的光的。

要做"小猪"，就要学会等待和把握时机

前面，我们已经了解，在智猪博弈中，对于小猪来说，它的最优策略是等待，只要它等待，它就能吃到或沾到大猪的光，就能吃到免费的午餐，然而，这种等待并不是盲目的。如果它一味地等待而不密切注意大猪的行动，进而去食槽边抢食物，那么，它只能饿肚子。

从智猪博弈中，我们也应该获得启示：与人博弈，如果你处于弱势，那么，你最好先等待时机，让那些实力强劲的对手为自己打先锋，当前方的障碍已经被扫清时，你再行动，你就能一举成功。坐等时机的策略，在我国历史上，唐高祖李渊运用得十分娴熟。

隋朝到隋炀帝年间，皇帝已经十分残暴，人民越来越忍受不了隋炀帝的暴行，于是，纷纷起义，甚至出现很多官员倒戈的现象，转向农民起义军，因此，隋炀帝的疑心很重，对朝中大臣，尤其是外藩重臣，更是易起疑心。唐国公李渊曾多次担任中央和地方官，所到之处，悉心结识当地的英雄豪杰，多方树立恩德，因而声望很高，许多人都来归附他。这样，大家都替他担心，怕遭到隋炀帝的猜忌。

正在这时，隋炀帝下诏让李渊去行宫晋见。而李渊此时正生病卧床，根本无法前往，隋炀帝很不高兴，产生了些许怀疑。当时，李渊的外甥女王氏是隋炀帝的妃子，隋炀帝向她问起李渊未来朝见的原因，王氏回答说是因为病了，隋炀帝

又问道："会死吗？"

王氏把这消息传给了李渊，李渊更加谨慎起来，他知道迟早会被隋炀帝所不容，但过早起事又力量不足，只好隐忍等待。于是，他故意广纳贿赂，败坏自己的名声，整天沉湎于声色犬马之中，而且大肆张扬。隋炀帝听到这些，果然放松了对他的警惕。这样，才有后来的太原起兵和大唐帝国的建立。

这里，在李渊与隋炀帝的这场博弈中，刚开始时，李渊是处于弱势的小猪，他并没有选择与隋炀帝硬碰硬，而是选择忍耐。假如李渊当初不是自毁声誉、低调做人，而是怒火中烧或者起兵的话，恐怕会在实力悬殊、时机不成熟的情况下失败，也就不会有了后来造福于黎民百姓的大唐盛世。

李渊的这种境遇，自古以来，很多成功人都遇到过，在与对手较量的过程中，他们一般都懂得隐忍，在时机不成熟、不足以与对方抗衡的情况下，故意制造出一种假象，暗中积极准备、以奇制胜、以有备胜无备，这样做的目的是为了要减少外界的压力，或使对方降低对自己的要求，一般情况下，他们都能出其不意，而实际的表现却又超出外界对自己的期待，这样的智慧表现就能格外出其不意，克敌制胜。而过分地张扬自己、表现自己，往往就会经受更多的风吹雨打，因为暴露在外的椽子自然要先腐烂。

在中国古代做人的艺术中，这就叫"大智若愚"，它常被演绎为一套内容极其丰富的韬光养晦之术，这也是人际交往中的重要策略。宋代著名大文学家苏东坡在评论楚汉之争时就曾说："汉高祖刘邦所以能胜，楚霸王项羽所以失败，关键在于是否能忍。项羽不能忍，白白浪费了自己百战百胜的勇猛；刘邦能忍，养精蓄锐、等待时机，直攻项羽弊端，最后夺取胜利。刘邦可以成大业是他懂得忍下人之言，忍个人享乐，忍一时失败，忍个人意气；而项羽气大，什么都难以容忍，不懂得'小不忍则乱大谋'的道理。大业未成身先死，可悲可叹！"女词人李清照也叹："至今思项羽，不肯过江东。"

不可否认的是，当今社会，处处存在激烈的竞争，与对手较量，难免会产生利益的冲突，此时，那些以大局为重、聪明的人都绝不会逞一时之勇，与对手斗气，而是先隐忍过去，隐藏实力，并伺机而动，厚积薄发。的确，尤其是当自己还羽翼未丰时，更要懂得韬光养晦术，这是保存实力、积蓄力量的重要的手段。

因此，一个人在社会上，如果不合时宜地过分张扬、卖弄，那么不管多么优秀，都难免会遭到明枪暗箭的打击和攻讦。

对此，我们要做到隐忍，就必须首先要锻炼自己的韧性。

其次，我们还需要在低调中修炼自己，积累自己的实力。这需要你把每件任务当成自己唯一的追求去做，不达目的绝不罢休，调动所有的储备和资源，寻求一切可能的帮助。没有这种锲而不舍的精神，你可能一辈子也做不成什么大事。

当然，我们强调要养精蓄锐，火候未到、锋芒不露，但这并不等同于让你做事畏首畏尾，不敢放手施展抱负。只是凡事都该有个"度"，在张扬与内敛之间，就看你如何把握！

总之，选择忍耐和等待、养精蓄锐、懂得蓄势待发无论在官场、商场还是政治军事斗争中都是一种进可攻、退可守，看似平淡，实则高深的博弈策略！

博弈论小贴士：

在与人博弈的过程中，如果你处于实力较弱的地方，那么，你可以选择以逸待劳。真正的博弈高手，不仅懂得等待，更懂得把握时机，从而扭转局势，一举夺得成功。

为什么有些人只能当冤大头："大猪"的无奈

智猪博弈中，我们可以看出，占便宜、"搭便车"的是"小猪"，而"大猪"辛苦劳动的成果就被小猪分一杯羹，如果你是"大猪"，肯定会觉得不公平，但我们的生活中，那些只能当冤大头的人确实不少，他们就像故事中的"大猪"一样无奈。我们不妨先来听听下面故事中的阿强的苦恼：

阿强在一家制药公司任职，他所在的部门是公司的发展部，这个部门的业绩如何，直接关系到公司的生死存亡，因此，公司老总一直很重视这个部门的动向。

对于如此重要的部门，让我们无法料想的是，却只有区区三个人，一个是部门经理，一个是经理助理，一个是普通职员。阿强就处于这个中间状态的经理助理。

自打任职这个经理助理后，阿强就成了一名典型的田螺姑娘，二十四小时不停地忙碌着，每天下班回家后，他的第一件事就是赶紧拿起电话，向周边的同学、朋友倾吐自己的苦水："再这样下去，我真的要疯了，一个部门，所有的工作都是我一个人的，我是人，不是机器啊。"

每天早上，阿强到公司的第一件事，就是打扫每个人的办公区间，再为经理准备咖啡。在别人看来，他完全可以向他的下属——也就是这名唯一的部门职员发号施令，但他明白，这名看似是职员的下属，实际上是公司的老员工，而且，对方学历较低，如果有什么事情交给他没做好的话，将会有更大的麻烦。因此，即便是最小的事，阿强也亲力亲为。而这位下属呢，平时大部分的时间，要么是看报纸、上网，要么是跟自己的女朋友煲电话粥。

而至于经理，他的任务自然是为下属布置工作，上面交给他的所有工作，他都只会丢下一句话"阿强，把这件事办一办！"可是阿强接到活儿之后，又不能吩咐他的下属，阿强就逐渐扛下了所有的工作。

令阿强没想到的是，由于他早已默不作声地做了很多事，就连其他的部门同事也认准了一件事：只要到发展部办事，就找阿强！甚至老总都不再向经理派任务了，往往直接就把文件扔到阿强的桌子上。

最近，让阿强感到气愤的是，就连他的下属也敢支使他干活儿了。这天，这名下属把一叠发票放在他面前说："你帮我去财务报一下。"

阿强当时都愣住了，这是他意料之外的事，过了好半天，他才回了对方一句："你自己为什么不去？"

这位下属答："我和财务不熟，你去比较好！"尽管心中怒火万丈，但碍于同事情面，阿强最终还是走了这一趟。

于是形成这样的局面：一到上班时间，阿强在办公室忙得就像一个陀螺似的；他的下属则悠闲地只顾自己玩；经理则躲在自己的办公室里打电话，美其名曰"联系客户"。

好不容易熬到了年底，由于发展部业绩出色，总公司奖励了十万块钱，经理独得6万，阿强和这位下属每人各两万。想想自己辛劳整年，却和不劳而获的人所得一样，阿强禁不住满心不平，但是又能如何呢？如果他也不做事了，不仅连这两万元也得不到，说不定还要下岗，想来想去，还是继续当"大猪"吧！

看完阿强的故事，也许你有所感悟，你工作的周围，是不是也有不少和阿强一样辛苦劳动却让他人强占功劳的人，我们不得不承认，他们很辛苦，但即便如此，他们也不能改变现状，他们也只能继续当"大猪"，这就是他们的无奈吧。

其实，生活就像博弈。从另外一个角度看，这类"大猪"，他们可以借此提高自己的业务能力，为日后的成功做铺垫。

博弈论小贴士：

可以说，博弈论中，面对大猪和小猪的选择，大部分宁愿当搭便车的小猪，不劳而获，但现实生活中，依然有很多甘当辛苦劳作者的大猪，这是为什么呢？其实，"大猪"有"大猪"的无奈，他们别无选择。

当投机取巧的"小猪"亦非易事

从智猪博弈中，我们发现，对于实力较弱的小猪来说，他的最优策略就是等待，除此之外，他还可以搭便车。这也告诉生活中的人们，在实力不均等的情况下，力量较小的情况下，如果我们能搭上强者的便车，那么，我们便可以坐享其成。然而，搭便车这一策略是聪明人的专属，因为当投机取巧的"小猪"亦非易事。

林庚才从学校毕业三年多，现在已经是一家大型企业的市场部经理，最近，他的学弟前来向他讨教职场经验。

原来，林庚的处事原则就是做个聪明的"小猪"。他也一直认为自己是个聪明的人。从大学时代开始，他就不是个冒尖儿的人，虽然他在学生会工作，但他从来不主动站出来单独做一件事，而是帮助那些最出色的同学做一些辅助性工作，如果工作做得好，他也顺带被表扬，而如果工作做不好，那么，也和他没有多大直接的关系。

而现在，林庚已经是个百十号人的领导，他依然坚持自己的这一处事原则。

对此，他的学弟就好奇了："你这样做，难道其他同事就不会产生意见吗？"

林庚很明白学弟为什么会有这样的疑惑，接下来，他一脸神秘地说："这就更考验我们的智慧了。怎样才能让别人总支持我们。第一，在平时的工作中和工作之余，我们都要善于感情投资，要与工作中的大部分人拉成统一战线，当他们需要帮助的时候，千万别袖手旁观，患难见真情，成为大家的哥们儿，他们才会支持你；第二，立场要坚定，坚决让别人去做。也许会有一些人看不惯你的行为，此时，你可以告诉他们，你能力有限，不是不想做，实在是不会。如果他想继续找茬，那么，你的哥们儿都会为你说话。"

林庚很有条理地向他的师弟解释着，让这个才出学校大门的大男孩一愣一愣的，接下来，他还补充道："也许你认为我很厉害，其实，比我厉害的人大有人在，在我以前的那家公司，有一位美女，她人缘不错，但做事能力确实不怎么样，但不知道为什么，她就是芝麻开花节节高，因为她懂得利用自己的性别优势。做项目的时候，他每次也都能逢凶化吉，为什么？因为每次等她急得珠泪双垂，总有怜香惜玉的男子汉挺身而出，帮她完成分内的工作。后来，她跳槽了。最近看到她，乖乖，都当副总了！还是长得漂亮好啊！啧啧！"

从林庚的故事中，我们可以看出，在工作中，做"大猪"固然辛苦，但"小猪"也并不轻松啊！

表面上，这类人总是偷懒，但在工作之外，他们需要花费更多的时间和精力去建立和维系人际关系网，否则，一旦失去公司同事的支持，他们的地位也就岌岌可危。只有成为众人力捧的对象，他们才能有恃无恐。难怪说做"小猪"的都是聪明人，不聪明怎么能左右逢源？

然而，值得一提的是，即便我们说势力弱小的"小猪"应该学会搭便车，但是这种坐等成果的 小聪明却不值得提倡。毕竟，工作考验的是人的真本事，是要凭真实力说话的。靠人缘、关系也许能风光一时，但也是脆弱的，也是经不住考验的。

也许你会羡慕那些精明的"小猪"，他们不用出力反而被提升，他们看似混得很出色，其实，他们内心也许也会发虚：万一哪天露了馅……另外，假设他们的工作类型不是合作型的，而是偏重独立作业，那么，他们还能心安理得地当"小猪"吗？

要想杜绝"小猪"的存在，还是要想办法加大"小猪"们的投机成本，建立起约束"小猪"的制度，也就是让业绩考核更加透明、科学。而这些，都是人力资源专家和管理者们应该费心处理的问题。

博弈论小贴士：

要成功做好一致投机取巧的小猪，我们并不需要多少真才实学，但也绝非易事，我们需要将精力投入到人际关系的建立、维护等方面，但无论如何，只要我们懂得如何巧妙地"搭便车"，我们也是可以不劳而获的。

巧借强者之势，达成目标

从智猪博弈中，我们可以看出，靠同一个食槽生存，小猪要想获得食物，就要借助大猪的力量。其实，抛开现实的角度，我们现实生活中的每个人，都应该学习小猪这种借力打力的博弈智慧。在竞争激烈的今天，那些实力弱小的人，如果仅凭自己的力量是很难获得成功的。

作为中国人，都知道太极的精髓在于"借力打力"、"四两拨千斤"、"以柔克刚"，懂得借助他人力量的人，取得的成就常常会超越他人。一个懂得借力的人，讲究的博弈策略是后发制人，敌动己不动，战胜对手，有时甚至可以在不利的条件下，使自己反败为胜，永远立于不败之地。

一个深谙博弈策略的人，总是能发现有利于自身发展的有利资源，并为自己开拓更为广阔的天地。狐假虎威的故事就说明了这一点。

从前在某个山洞中有一只老虎，因为肚子饿了，便跑到外面寻觅食物。当他走到一片茂密的森林时，忽然看到前面有只狐狸正在散步。它觉得这正是个千载难逢的好机会，于是，便一跃身扑过去，毫不费力的将它擒过来。可是当它张开嘴巴，正准备把那只狐狸吃进肚子里的时候，狡黠的狐狸突然说话了："哼！你不要以为自己是百兽之王，便敢将我吞食掉；你要知道，天地已经命令我为王中之王，无论谁吃了我，都将遭到天地极严厉的制裁与惩罚。"

老虎听了狐狸的话，半信半疑，可是，当它斜过头去，看到狐狸那副傲慢镇定的样子，心里不免一惊。原先那股嚣张的气焰和盛气凌人的态势，竟不知何时已经消失了大半。虽然如此，它心中仍然在想："我因为是百兽之王，所以天底下任何野兽见了我都会害怕。而它，竟然是奉天帝之命来统治我们的！"

这时，狐狸见老虎迟疑着不敢吃它，知道它对自己的那一番说词已经有几分相信了，于是便更加神气十足地挺起胸膛，然后指着老虎的鼻子说："怎么，难道你不相信我说的话吗？那么你现在就跟我来，走在我后面，看看所有野兽见了我，是不是都吓得魂不附体，抱头鼠窜。"老虎觉得这个主意不错，便照着去做了。

于是，狐狸就大模大样地在前面开路，而老虎则小心翼翼地在后面跟着。它们走出去没多远，就隐约看见森林的深处，有许多小动物正在那儿争相觅食，但是当它们发现走在狐狸后面的老虎时，不禁大惊失色，狂奔四散。

这时，狐狸很得意地掉过头去看看老虎。老虎目睹这种情形，不禁也有一些心惊胆战，但它并不知道野兽怕的是自己，而以为它们真是怕狐狸呢！

这里，这里，我们先不评价狐狸的行为恰当与否，不可否认的是，狐狸是聪明的。它之所以能得逞，是因为它假借了老虎的威风。

现代社会，借力生力无疑是人们出人头地的途径之一。当然，借力不仅是要借助他人的力量，甚至可以借助他人的智慧、想法甚至是名声等。

在北京北海公园琼岛对面，有一家老饭店，这家饭店很有特色，一直沿袭的是清代宫廷菜的烹饪方法，但奇怪的是生意一直都不好。

后来，这家饭店的负责人决定弄清楚原因，在一番调查后，他发现，不少游客尤其是外国游客最为感兴趣的是中国古代皇帝的饮食起居。于是，找到这个突破口，他决定将饭店的饭菜以"皇帝吃过的饭菜"为宣传点，大肆进行宣传，并且，对于店内的每一道菜，他都搜集出故事，并让服务员背下来，在服务员上菜、客人点菜的时候，服务员就会说出这道菜的由来。就这样，这家店的生意一下子火了起来。

一次，美国华盛顿市长在这里举行答谢宴会，席间，服务员上来一盘点心，彬彬有礼地介绍说："曾经慈禧太后夜里梦见吃肉末烧饼，而第二天早上，厨师给她准备的正是肉末烧饼，她很高兴，因为这不就是心想事成吗？今天大家吃的也就是这道心想事成的典型，愿大家也能事事如意，步步吉祥……"这一席话让在场的所有客人都变得心情大好，这位黑人市长高兴地敬了服务员一杯酒，说："下次来北京，愿再来你们这里做客！"

一道小小的菜肴都能借助贵人之光，拥有另类的文化意义，从而迅速走红，我们在交际中也是如此，与人交往的时候，要学会炒出自己的身价，然后有的放矢，发挥我们的交际能力，"攀上高枝儿"，我们人生奋斗就会少走很多的弯路。

独木不成林，单打独斗并不是明智的方法。那些事业有成的人，除了自身的智慧和能力外，跟他人的帮助也是分不开的。一个人再聪明，条件再优越，也不是三头六臂，也需要借助他人的力量。由此可见，一个人要想成功，就应该懂得借势，而且还能够在生活实践中灵活地运用借势。

博弈论小贴士：

一个善于博弈的人，常常善于发现他人身上的长处，并能够加以利用，协调各方之间的关系，让他人为我所用，借助外力，实现自己的目标。

当"大猪"，还是当"小猪"

通过智猪博弈，相信生活中的人们都会得到一个启示："枪打出头鸟"。有一个很常见的额现象：无论是企业还是其他组织，总有一些"搭便车"的"小猪"，他们总是躲在幕后，事情做成了，我们可以分一杯羹；事情失败了，他们可以将责任推得一干二净；也有一些无奈的大猪，如果他们不得不主动站出来主事，他们总是被推到台前，成为别人的挡箭牌。

这里，我们首先来分析为什么小猪可以坐享其成。因为，对小猪来说它不踩动踏板相对于踩踏板来说是上等策略，它去踩什么也得不到，不踩则会出现两个可能：如果大猪踩了，它可以坐享其成；如果大猪也不踩，两个人（这里说两只猪更准确些）就干耗着，最终都得饿死，跟它去踩的结果一样，但是还不会很快地消耗体力。

因此，小猪下定决心将革命进行到底——坚决不踩踏板。当然对大猪来说自己不踩而由小猪来踩踏板也是上等策略。但从我们前面的分析已经知道，小猪的意志是何其坚决，它根本不会理会大猪的。那么是不是大猪也干脆两眼一闭，听其自然，等着喝西北风呢。当然不会，原因有二：

其一，大猪需要更多的能量来补充体力，它耗不起；其二，大猪也不笨，它对小猪的想法也是一清二楚，因此它会调整自己的策略，不能搞成两个和尚没水吃（再次表示歉意，应该说两只猪没食吃）的局面。毕竟自己去踩动一下踏板，多少还是会有些收获的，虽然是残羹冷炙，但了胜于无。大猪此时最好的策略就是自己动手（应该为自己动脚），不再指望小猪。

智猪博弈这一模型可以扩展到生活中的各个方面，不论是在战争中还是商业竞争中，我们都会看到类似于智猪博弈这种情况的存在。那么，如果你也是组织中的一员，在"踩踏板之前"，你最好先选择好当"大猪"还是"小猪"。

生活中，那些冒尖儿的"大猪"实在太多了，尤其是那些不谙世事的年轻人，为了表现自己，一旦看到有发挥自己的能力的机会，就冲出头来，实际上，他没有意识到的是，他已经成为众人"观察"的对象，如果他做得好，他们会分一杯羹，而如果他做得不好，他将会被众人嘲笑。而聪明的人会懂得等待时机，在大家都觉得事态毫无转机的时候再出来"力挽狂澜"，关键时刻才显示自己的能耐，更能加深你在众人心中的良好形象，更容易得到大家的赞赏与认同。

在北方某个城市有个很出名的火锅店。刚开始的时候，这家火锅店并不怎么出名，公司的李总也一直希望通过加盟连锁形式来做大做强，但具体的策划方案又不知道怎么出，还有太多的细节问题。于是，在秘书的建议下，他找来一家专业的咨询公司，三个月下来，对于公司的企业文化并没有破题。

作为公司加盟部经理的张磊看在眼里，急在心里，其实，他已经是胸有成竹，准备将自己的想法告知李总，但他又转念一想，这么做不妥，不能在不对的时机献计献策，因为当领导把信任投给咨询公司时，再好的建议也会被他们淹没，只有当他们无计可施时，我站出来贡献智慧，才会被领导重视。聪明的张磊只静观其变而不提出任何建议。后来，咨询公司无计可施时，张磊向李总贡献了独到的企业文化理念和加盟策略，一举赢得了李总的高度重视，公司的加盟效果特别明显，公司在不到一年时间加盟了300多家企业。

这次此后，以前不怎么看得起张磊的李总也终于明白什么叫"七步之内必有芳草"的道理，从此把张磊作为心腹和左膀右臂。

作为上司，他的任务就是带领下属实现某个共同的目标，要实现目标就需要智慧，不仅需要懂得领导的智慧，更需要解决问题的智慧，也就是人们常说的"实力"，但如果你想取得领导的信任和支持，光懂得领导和具备工作能力还是不够的，还需要你懂得把握时机，伺机而动，用实力和技巧说话是职场永恒不变的成功法则。

张磊不仅有实力，但更难能可贵的是，他并没有急于表现自己，而是等待时机，等到上司无计可施时，才献计献策，他这种懂得掌控时机的智慧的确值得很多人学习。

因此，我们可以说，企业组织中的"大猪"还是"小猪"，都不是一成不变的，需要我们学会观察，当你认为自己不具备解决疑难问题的本领时，千万不能逞强、充大头；而如果你有能力拯救危机时，也不要心急，要在关键时刻出手，让人刮目相看。而如果你能做到在关键时刻运用别人的智慧的话，那你就能如虎添翼了。

博弈论小贴士：

"为职者相时而动，驾驭时势，善用他人智慧，则更要因势而导之。"选择当"大猪"还是"小猪"，也要看时机，实力弱小时，如果你能善于运用他人的智慧，为自己谋事，则成功在望。而当你实力相当，大可以大胆出手、证明自己！

如何防止"小猪""搭便车"

"智猪博弈"告诉我们，谁做"大猪"，谁先去踩这个踏板，就会造福全体，但却是不公平的，"大猪"的劳动与它所获得的报酬是不成正比的。实际上，因为人类的自私，我们每个人，都希望最小的付出能换回最大的回报，都希望有"大猪"出头，自己当那个不劳而获的"小猪"。于是，生活中就有了"一个和尚挑水喝，两个和尚抬水喝，三个和尚没水喝"的现象，这三个和尚，谁都想当"小猪"，面对挑水的任务，他们便互相推诿，最终，他们谁也无法获得利益。

"小猪"的这种行为，我们称之为"搭便车"，搭便车是指在一个群体里，在自身不支付代价或者代价很少时，借助群体获得超过自身应获得利益的行为。在日常生活中，我们也常可找到"搭便车"的例子，例如许多轮船公司不肯兴建灯塔，他们可以获得同样的服务，此种搭便车问题会影响公共政策的顺利制定及有效执行。

对于集体活动而言，搭便车的行为是极具破坏性的，无论是经济收益上，还是效率上，都是负面的，甚至有可能导致整个集体的土崩瓦解。

例如：集体劳动、众人吃饭付钱、国家税收，道路建设，购置公共用品等情况。一切涉及公共行为的，都可能存在搭便车的行为。或者说，一切公共行为里，个体都有搭便车的冲动。

如何减少"搭便车"行为呢？我们不妨先来看下面一个博弈：

有这样一群人，他们的成员人数是5人，每个人手头有一万元。有一天，来了这样一个投资机构，他们的负责人称只要你投资，就有三倍的收益，比如，投资1元，就有3元的回报。

投资机构提出的分配方法是平均分配。那么，这群人会向投资机构投资多少钱呢？

这群人并不傻，他们都在心里打起了小算盘：假如他投资1元钱，那么，整体收益就是3元，而这3元将会被分为5份，每个人就只能得到0.6元，他亏损了0.4元！

按照这种计算方法，我们发现，他投资得越多，亏损得也越多，尽管其他人将从他的投资中得利。这样一算，投资是不合算的。他没有投资的激励。

经过盘算，谁都不愿意投资，而希望让他人出头，自己坐等分成。其实，我们能想到的最佳的状态是，每个人都将这一万元投资出去。然而，在没有监督机构和监督政策的情况下，这个结果是难以达到的。

这个博弈可以看成是公共产品的供给模型。作为理性人，人人均想贡献少或者不贡献而得到更多的回报。公共物品是能够给所有人带来好处的物品。但每个人均不想提供这样的物品，而希望其他人提供，自己坐享其成。在公共物品问题上，人人均有搭便车的想法。

现在，我们再来假设，一场雪后，村里的道路上布满了积雪，行走十分不便，清除这些积雪，既能使村民行走方便，又有利于他们的经济活动。但村民们均不想由自己来承担这个任务，因为一旦有人主动站出来开展这项工作，其他人就会不付成本地从中获得好处。第一个清扫积雪的人当然也能够从中获益，但与他的付出相比，好处不大。这样，每个村民均希望其他人主动站出来，自己从中"搭便车"。

可想而知，最终结果是，长时间以来，除了等积雪融化以外，人们都在坐等他人主动行动。

这里，无论是"投资人"，还是"村民"，他们均是理性的人，均具有博弈思维。

在这些情况下，如果能有一个公共的机构，那么，这些难题便能迎刃而解，第二例中，如果居委会能站出来组织大家一起行动，那么，一条畅通的大路很快就又会出现在别人面前。

"搭便车"的现象在现实中大量存在，在企业的运营过程中也不乏其例。在很多企业中，下至最底层的员工，上至管理层，他们拿着高薪水，享受着好福利，但在工作中，他们依然缺乏工作能动性，不能创造优异的绩效，很多事情还要领导亲力而为。而事实上，作为企业的领导者，是不希望看到这种搭便车现象的。此时，企业制度和流程的重要性就显现出来了。

博弈论小贴士：

"智猪博弈"告诉那些在竞争中处于弱势的人，等待才是最佳的策略，然而，在获得这一启发的同时，我们也看到一种"搭便车"的现象。解决这一问题的方法是，建立一个公共的机构来进行协调，这对该群体的每个人都是有利的。

以静制动，走好"等待"这步棋

21世纪是一个激烈竞争的时代，更是一个知识经济时代，懂得运用博弈中的最优策略，能帮助我们以最少的力气获得最大的成功。智猪博弈告诉我们，对于实力较弱的个人或组织来说，他们的最优策略就是等待，然而，如何走好"等待"这步棋也是我们需要学习的。

"枪打出头鸟"是中国社会竞争中的一个法则，本来，这只"出头鸟"勇于表现，为人们排忧解难，可以说，他们总是担任着推动社会和时代前进的角色，但很多时候，他们却成为"出风头"的牺牲品，这就是因为他们不懂得把握火候。一个人，当自己羽翼未丰时，想展翅翱翔必然会被狂风暴雨袭击，也必然损失惨重。此时，不妨谦虚一点，谦虚是自身修养的自勉要求，也是人可锋芒不露的进一步解释。

另外，有句老话叫"沉默是金"，人际交往，知人知面不知心，过多地表露自己会置自己于危险地带，沉默静守才能保持自己的清醒。

曾经有这样一个寓言故事：

在英国伦敦的郊外，有只叫多利的小狗，它很聪明，它不需要主人的照料，于是，主人就让它在郊外出入自由。

某天，多利出去玩时忘记了时间，等天黑下来时，它才慌慌张张地开始往家里跑。可是由于月黑风高，它到底还是迷失了方向。最后，它居然不小心跑到一群狼中间。

多利认识到自己已经处于危险的境地了，它很害怕，但很快，它冷静了下来，要想使自己免除杀身之祸，就要隐藏好自己，所以它决定，不管遇到什么情况，都绝不开口透露自己的任何信息。

果然，在接下来的两三天里，多利一直保持沉默不语，显得非常深沉。可是终于有一天，一只高大的狼看到了它与自己不太一样的地方，于是便满脸疑惑地问它："你是我们的同类吗？我怎么感觉你跟我们有点不一样呢？"

听到问话，多利紧紧地闭着嘴巴，故作深沉地点了点头，以免一开口就被对方听出自己声音的特别。然后，它便又像一直以来那样，把若有所思的眼光投向了遥远的地方。那只高大的狼见多利只点头不说话，心里更加疑惑了。晚上，它把自己的怀疑告诉了狼王。狼王因为在一次战斗里受过伤，视力不好，生怕别人在心里笑他，就说："它不是狼是什么？"

高大的狼歪着脑袋瞅了多利半天，忽然指着它的尾巴对狼王道："你看，它的尾巴和我们不一样呢！"

因为身体的缘故，狼王已经不如当年那样凶猛，它更害怕狼族有部下不听自己的话，所以平时总爱夸大自己的战功，以博得群狼的尊重。今天见这只高大的狼一直在给自己出难题，狼王灵机一动说道："这没什么，它的尾巴就是那次和我并肩作战时受伤的，因此你们应该多尊敬它才是。"

这下，高大的狼再也不敢说什么了，而迫于狼王的威望，其他的狼也都装出了对多利毕恭毕敬的样子来。

又过了3天，多利终于找机会逃离了狼群，重新回到了农夫的家。完全安全之后，多利感慨万千地叹道："都说事实胜于雄辩，在我看来，沉默更胜于事实啊！"

这个故事中，多利因为适时地沉默救了自己。同样，人类社会，也是竞争激烈，在一些危急时刻尤其是性命攸关的时候，选择等待要比出击更能保护自己，它能帮你守护住某方面的信息缺失，是避免不必要风险的一种好办法。

走好等待这步棋绝不是一件简单、随意的事。那么，我们该怎么做呢？

首先，要掌握火候。

何时安静，何时出手，这都是要看准时机的。在你没有把握会一举成功前，你最好还是选择沉默和安静。

另外，要精心设计。这需要我们有宏观把握事态的眼光，另外，我们还要将策略细化，否则，一着不慎满盘皆输。

总之，现代社会，一个人无论他多聪明，多能干，背景条件有多好，如果没有一点博弈的智慧，没有一点"城府"，那么他最终的结局肯定是失败。有时候，以静制动反而能给自己带来博弈中的主动地位。

博弈论小贴士：

在博弈中，以静制动是借力的表现，也是你打败对手的无声"武器"，它会让你在人际竞争中畅通无阻！

第4章

最完美的博弈结局：纳什均衡

诺贝尔经济学家萨缪尔森曾经说过这样一句幽默的话，你可以将一只鹦鹉训练成一名经济学家，因为他所需要的只有两个词汇：供给和需求。后来，经济学家又补充，要使这只鹦鹉成为现代经济学家，它还必须要多学一个词，这个词语是"纳什均衡"。那么，到底什么是"纳什均衡"呢，纳什均衡在现实生活中又是怎样体现的呢？带着这个问题，我们不妨来看看本章的内容。

纳什对博弈论的无可替代的贡献

现代博弈论中，任何一个研究者都不可能不熟知纳什这个名字，他曾经提出一个著名的论断——纳什均衡，这一论断在博弈论中占据核心位置。而纳什本人也在1994年凭这一成果摘得诺贝尔经济学奖的桂冠。经济学家们对此作出评价："没有人对博弈论的贡献超过纳什。"电影《美丽心灵》就讲述了经济学家纳什均衡的一些故事：

约翰·纳什是美国著名的数学家，生于1928年6月13日，也是前麻省理工学院助教。1950年，约翰·纳什获得美国普林斯顿高等研究院的博士学位，他在他那篇仅仅27页的博士论文中提出了一个重要的名词，这就是后来被称为"纳什均衡"的博弈理论。1994年，他和其他两位博弈论学家约翰.C.海萨尼和莱因哈德·泽尔腾共同获得了诺贝尔经济学奖。

纳什从小就性格内向。虽然他生活在一个温暖的大家庭里，也被母亲和外祖父母和姨妈们疼爱着，但他明显跟其他孩子不同，他宁愿喜欢一个人躲起来玩玩具或看书，也不愿意跟别人一起玩耍嬉戏。

小纳什小的时候，并不是别人口中的神童，但他爱学习、好奇。纳什的母亲是一位教育工作者，因此，她对纳什的教育格外关心。在纳什还未进入幼儿园时，她已经开始亲自引导儿子读书和学习了。而纳什的父亲则喜欢和孩子们分享自己在科学技术上面的兴趣，好奇的纳什总是能从父亲口中得到耐心的解释、回答，父亲还给了他很多的科普书籍。少年时期的纳什还特别热衷做电学和化学的实验，也爱在其他孩子面前表演。

纳什就读于布鲁菲尔德当地的中小学，然而在学校里，纳什表现出来的特立独行、社交障碍等，都让老师感到头疼，纳什也被批评了很多次，他的父母也曾经想过很多办法，但收效甚微。

小学时期，纳什的学习成绩（包括数学成绩）并不好，甚至在老师看来，纳什就是个智力不如其他学生的孩子。比如在数学上，纳什非常规的解题方法就备受老师批评，然而纳什的母亲对纳什充满信心，而后来的事实也证明，这种另辟蹊径恰恰是纳什数学才华的体现。这种才华在纳什小学四年级时便初现端倪，而高中阶段，他常常可以用几个简单的步骤取代老师一黑板的推导和证明。而真正让纳什认识到数学之美的，恐怕要数他中学时期接触到的一本由贝尔（E.T.Bell）所写的数学家传略《数学精英》（*Men of Mathematics*），纳什成功证明了其中提到的和费马大定理有关的一个小问题，这件事在他的自传文章中也有提及。

在高中的最后一年，他接受父母的安排，在布鲁菲尔德专科学院选修了数学，但此时的纳什并未萌生成为数学家的念头。大学数学系教授，主要研究博弈论、微分几何学和偏微分方程。

1948年纳什到普林斯顿大学读数学系的博士。那一年他还不到20岁。当时普林斯顿可谓人杰地灵，大师如云。爱因斯坦、冯·诺依曼、列夫谢茨（数学系主任）、阿尔伯特·塔克、阿伦佐·切奇、哈罗德·库恩、诺尔曼·斯蒂恩罗德、埃尔夫·福克斯等全都在这里。博弈论主要是由冯·诺依曼（1903—1957）所创立的。他是一位出生于匈牙利的天才的数学家。他不仅创立了经济博弈论，而且发明了计算机。早在20世纪初，塞梅鲁（Zerme lo）、鲍罗（Borel）和冯·诺伊曼已经开始研究博弈的准确的数学表达，直到1939年，冯·诺依曼遇到经济学家奥斯卡·摩根斯特恩（Oskar Morgenstern），并与其合作才使博弈论进入经济学的广阔领域。

1950年和1951年纳什的两篇关于非合作博弈论的重要论文，彻底改变了人们对竞争和市场的看法。他证明了非合作博弈及其均衡解，并证明了均衡解的存在性，即著名的纳什均衡。从而揭示了博弈均衡与经济均衡的内在联系。纳什的研究奠定了现代非合作博弈论的基石，后来的博弈论研究基本上都是沿着这条主线展开的。然而，纳什天才的发现却遭到冯·诺依曼的断然否定，在此之前他还受到爱因斯坦的冷遇。但是骨子里挑战权威、藐视权威的本性，使纳什坚持了自己的观点，终成一代大师。要不是30多年的严重精神病折磨，恐怕他早已站在诺贝尔奖的领奖台上了，而且也绝不会与其他人分享这一殊荣。

博弈论小贴士：

纳什是一位英才天纵的非凡人物，他提出的著名的纳什均衡的概念在非合作博弈理论中起着核心的作用。后续的研究者对博弈论的贡献，都是建立在这一概念之上的。由于纳什均衡的提出和不断完善为博弈论广泛应用于经济学、管理学、社会学、政治学、军事科学等领域奠定了坚实的理论基础。

灾难性的价格大战如何解决

相信在日常的生活中，我们都会看到这样一些价格大战：彩电大战、冰箱大战、空调大战、微波炉大战……这些大战的受益者首先是消费者。每当看到一种家电产品的价格大战，百姓都会"没事儿偷着乐"。在这里，我们可以解释厂家价格大战的结局也是一个"纳什均衡"，而且价格战的结果是谁都没钱赚。因为博弈双方的利润正好是零。竞争的结果是稳定的，即一个"纳什均衡"。这个结果可能对消费者是有利的，但对厂商而言是灾难性的。所以，价格战对厂商而言意味着自杀。

从这个案例中我们可以引申出两个问题，一是竞争削价的结果或"纳什均衡"可能导致一个有效率的零利润结局。二是如果不采取价格战，作为一种敌对博弈论（vivalry game）其结果会如何呢？每一个企业，都会考虑采取正常价格策略，还是采取高价格策略形成垄断价格，并尽力获取垄断利润。如果垄断可以形成，则博弈双方的共同利润最大。这种情况就是垄断经营所做的，通常会抬高价格。另一个极端的情况是厂商用正常的价格，双方都可以获得利润。从这一点，我们又引出一条基本准则："把你自己的战略建立在假定对手会按其最佳利益行动的基础上"。事实上，完全竞争的均衡就是"纳什均衡"或"非合作博弈均衡"。在这种状态下，每一个厂商或消费者都是按照所有的别人已定的价格来进行决策。在这种均衡中，每一企业要使利润最大化，消费者要使效用最大化，结果导致了零利润，也就是说价格等于边际成本。在完全竞争的情况下，非合作行为导致了社会所期望的经济效率状态。如果厂商采取合作行动并决定转向垄断价格，那么社会的经济效率就会遭到破坏。这就是为什么WTO和各国政府要加强反垄断的意义所在。

现在，我们假设，有五家同行业的厂商，销售类似的产品，最初定价为1000元，为了赢得更多的客户，其中一家厂商率先降价，抢走了别的厂商的部分客户。然而，同样的博弈逻辑也适用于它的竞争对手，也就是说"当我们在谋求获得最大支付而采取最佳行动战略的同时，对手也同我们一样"，通俗地说就是"别把对手当作傻瓜"。5家厂商中的任何一家都是按照其他厂商既定的价格来进行决策，都想着把价格压得比对手低，最终价格会一路跌到成本价，当到了厂商的成本价时，谁都不愿降价了，因为厂商宁愿失去所有的客户，也不愿做亏本买卖。此时，这种结局是完全竞争条件下的一个"纳什均衡"，每家厂商都试图使利润最大化，而消费者要使效用最大化（都竞相购买较低价商品），结果是价格等于边际成本，形成了厂家谁都没钱赚，消费者"偷偷乐翻天"的局面，缔造了社会所期望的经济效率状态。

可见，所有的理性商家都试图以最佳的行动方案在价格战中获得理想的支付结果，但是，价格战的博弈逻辑往往让他们适得其反。

上述价格战中产生的种种弊端以及对参与人本身的打击是非常显著的，在市场经济的大潮中，价格战往往是不可避免的，面对残酷无情的价格战，我们唯有正视现实，采取措施，迎接挑战。

1. 加强技术创新，凸显产品特性

我们可结合消费者需求和偏好，不断研发新技术和改进产品设计，以实现每一款新产品都有不同于旧款的技术卖点和耳目一新的感觉，让对方措手不及，以产品的特色赢得竞争优势，从而使产品获得额外加价，提高其收入水平和盈利水平。

2. 复杂价格方案，放大价格差异

面对不可逃避的价格竞争，为了使其不那么明显，可以把价格方案设计得比较复杂，甚至有点高深，使顾客无法直接分辩价格高低，以降低价格竞争的风险。

3. 创造品牌效应，提升产品品位

品牌是将产品的独特内涵和定位向消费者的一种意思传达，品牌本身虽然只是一个简单的符号，但却是产品表现的担保物。

4. 重新审视竞争，提高竞合意识

如果有条件、有可能避免价格战，何不"化干戈为玉帛"？"竞合"思维颠覆了以往那种你死我活的纯竞争模式，当竞争双方旗鼓相当或者势力悬殊时，与其两败俱伤地相互火拼或者以卵击石地去送死，不如展开某种程度的合作，倒可能会降低交易成本，给双方都带来收益。

博弈论小贴士：

价格大战的最终结局是，谁也不会获得利润，因此，对于商家来说，最优策略是提升自己的竞争优势，而不是一味地恶性降价。

利益妥协，才能达到均衡

纳什均衡描述的是这样的状态：对于参加博弈的各个对手来说，给定对手选择的一个策略，则我选择的策略一定比其他的策略好。纳什均衡的思维就这么简单，一场博弈达到均衡时，局中的每一个博弈者都不会因为单独改变策略而获益。举个很简单的例子，我们可以先把一个乒乓球放到一个光滑的铁锅中，无论铁球最初的位置在哪里，最终，它都会停在铁锅的最底部，这个锅底就是纳什均衡点。

从纳什均衡中，我们可以得到的启示是，在博弈中，如果我们和对手的利益发生冲突时，我们要学会调节，如果你不能得到最大的利益，那么，你不妨让一步，总比什么都得不到强得多。这就是人们常说的双赢。

所谓双赢，就是对双方都有利的博弈措施，得到他们应该得到和最想得到的东西。这就好比大家一起坐公交车，如果大家都争相上车，谁也不肯谦让，可能谁也上不了车，只有大家遵守秩序，排队上车，才能让大家都能上车，而且节约了时间。这样，双方都成为胜利者。

小崔研究生毕业后，就被一家中外合资的大型企业录用。因为能力突出，学历相当，很快，小崔就当上了外贸部主管，这在这家公司可谓是平步青云。

刚上任不到几天，小崔就发现自己碰上一位对她偏见颇深的下属。这位下属是一位将近四十岁的女人，工作能力还可以，也很勤快，但是，也不知道为什么，在公司待了四年，却未获得一官半职，因此对年轻有为、初来乍到的小崔存在偏见。

心存偏见倒没什么，关键是，这位下属总是无事生非、找小崔的茬儿，还常常散播谣言败坏小崔的名誉。小崔虽然升职升得快，但并不是那种会耍心机的女孩子，只好一躲再躲，希望更高一级的科长能看出个中端倪，结果等了三个月，还是等不来一句公道话。一气之下，小崔就递了辞呈，经理先生没有竭力挽留小崔，只是告诉她自己处世多年得出的一条经验：逃避不是办法，双赢可以解决问题。

后来，小崔收回了自己的辞呈，一次，在一个项目中，小崔希望这个下属能和自己合作，可很明显，她不怎么愿意，于是，小崔主动示好："张姐，我们都是为了公司的利益着想，我知道您的能力强却没有得到重用，那么，为什么不尝试着找出原因呢？"这位员工很聪明，明白了小崔要给她升职，很快，就对小崔改变了态度。

小崔在得到经理点拨后，开始改变一味忍让的态度，而是引导那位下属向着彼此能接受的双赢方向思考，用为下属升职为自己赢得了下属之间的好关系，可谓是聪明之举。的确，社会总是会有竞争，人与人之间也总是有利益的不平衡，关键在于我们抱什么样的态度。只要抱着"我好，你好"的双赢态度，按照这个原则去处理人际关系，你将会获得最理想的结果。

的确，与人打交道，也是一个博弈的过程，每个人的性格、爱好乃至坚持的立场都不尽相同，他们处理问题的方式方法也存在很大差异，只有学会让步，才能求得一个大家都能满意的结果。生活中，尤其涉及利益的时候，很多人始终不肯让步，甚至与合作的对方争论到不可开交的地步，最终，他"获胜"了，但从长远的角度来看，他还是失败了，因为从社交的角度看，那种置对方利益于不顾的所谓"胜利者"，最终将不会获得任何人的信任与好感，将成为社交中的嫌弃儿。所以，胜利与失败并不是社交活动最好的结果，最好的结果是双赢，正如一句广告词一样："大家好才是真的好"！

总之，我们要想与人合作成功，我们就要懂得互惠互利，争取双赢，也不要将对手视为敌人，应视对手为问题的解决者，双方能接受的共同利益点的达成才是合作的最佳效果，合作双方也都是社交的成功者。

博弈论小贴士：

纳什均衡告诉我们，博弈过程中，我们要学会运用双赢的思维，引导对方看到对双方都有利的合作方式、利益点等，这样，就能得到一个皆大欢喜的结局。

狭路相逢，谁是胜者

纳什均衡中，我们可以发现，始终都有一个平衡的点，而此时，如果我们能强硬一点，那么，就更容易站在有利的一方，尤其是面对那些"扮猪吃老虎"的"弱者"，我们更不能被他们的表象所迷惑。相反，你若因此心慈手软，回头，被拿下的一定是你自己。

古人常说，"狭路相逢勇者胜"，其实也就是这个道理，有些时候，适当表现得强势点，更能帮助我们获得博弈的胜利。

李林在某市担任某种独特的原料销售员。他的货很畅销，因为在该市乃至该省，他们是唯一的这种原料供应商，如果客户选择其他公司的产品，则要花费很大的人力物力去相隔甚远的邻省购买。尽管李林所在的公司拥有这种优势，但李林还是以良好的态度从事这种原料的销售。因此，长时间，他和他的那些客户关系甚好。但有一次，李林却在催款的问题上遇到了一些障碍。

客户方是该市的一个有影响力的公司。双方已经签约很长一段时间了，客户的第二笔货款始终不肯还。为此，公司派李林前去催款。

见到对方公司的经理后，见对方丝毫没有要还款的意向，李林说了这么一段话："王总，您看，我们合作似乎已经有四五年了，一直很愉快。我们公司是贵公司唯一的原料供应商，贵公司的产品之所以能得到市场的认可，可能也和我们公司的信誉有很大的关系，因为我们的原料一直是得到业界认可的。但如果您长期这么拖欠尾款、不按合同办事的话，这话一旦传到消费者耳朵里，恐怕不好听。另外，如果您拒绝和我们合作，那么，如何进到价格最合理、质量又有保障的原料，恐怕是贵公司最大的问题，到邻省去购买，光运费，可能比现在的这笔尾款还要多很多吧……"

这一番话，令客户经理很诧异，但句句在理，他只好点头答应，将剩下的一笔尾款准时还上。

案例中，可以看出，这位拖欠货款的客户就是块"难啃的骨头"，但聪明的销售员李林知道对方是个"吃硬"的人，于是，他这一番话可以说是正中客户的要害，因为和这剩下的一笔尾款相比，客户更关心自己的信誉，关心自己在消费者心目中的形象与口碑，关心自己原料供应的成本等，权衡之下，客户自然会做出明智的决定。

可见，纳什均衡告诉我们一个启示，博弈中，有些时候，谁强硬，谁就能占主导地位。其实，这种博弈的策略可以运用到生活和工作、人际交往中的各个方面。当然，我们所处的社会是个大舞台，我们每个人所饰演的角色都不相似，杂乱而又多变。我们只有先看清楚对方的性格，才能在人际博弈中游刃有余，在社会中占有一席之地。

另外，如何表现得更为强势一点，也考验到我们的智慧。对此，我们不妨从以下几个方面着手：

1. 找到对方的弱点

我们的生活环境中，也的确总是存在形形色色的人，但无论什么人，都有他们的弱点，在与他们交涉的过程中，在沟通无效的情况下，我们不妨使出这最后一招——点到对方的"死穴"，对方必定束手就擒。

2. 语言干脆，当机立断

你在和对方说话的时候，应该树立自己的威信，对于自己权限范围内可以决定的事，要当机立断，明确"拍板"。比如，如果你的下属是个"吃硬不吃软"的人，他向你请示某动员会议的布置及议程，你认为没有问题，就可以用鼓励的委婉语调表达："知道了，你看着办就行了。"这种表述不仅给了他执行的权力。更是一种鼓励。

3. 尽量等到对方表达完之后表态

在与对方谈话时，应该让对方充分地把意见、态度都表明后，自己再说话。让对方先谈，这时主动权在你这一边，可以从对方的说话中选择弱点追问下去，以帮助对方认识问题，再谈自己的看法，这样易于让对方接受。在对方讲话时自己思考问题，最后决断，后发制人，更能让对方认可你的说话能力从而信任你。

博弈论小贴士：

找到博弈的平衡点以后，如果你再争取一点，强硬一点，那么，你会得到更多的利益。一味地妥协，你只会吃哑巴亏。

"二桃"为什么能杀"三士"

我们都知道，在博弈中，人们都希望自己能获得最大利益，为了获得均等的利益，人们有些时候也愿意求得合作，但事实上，在有限的资源下，大多数情况下，是很难存在均衡的的资源分配的，也就是很难找到或找不到纳什均衡点的存在。此时，参与博弈的成员之间很可能因为利益的不均等划分而产生矛盾、分歧。相信我们每个人都听说过二桃杀三士的故事，三勇士之所以被晏子陷害，从某个角度上来说，就是因为这个原因。

晏子是春秋后期一位重要的政治家、思想家、外交家，晏婴身材不高，其貌不扬，但颇具智慧。

景公时，有三个勇士，名叫公孙捷、田开疆、古冶子。他们都为齐国立有很大的功劳，不把晏子这样的小矮人放在眼里。晏子便去见齐景公说："我听说贤明的君主收录有勇力的武士，对上讲究君臣的礼仪，对下讲究长幼的人伦道理，对内可以防止强暴，对外可以威慑敌国，君主得益于他的功劳，百姓佩服他的英勇，所以使他们地位尊贵，俸禄优厚。现在君主所录的勇士，对上没有君臣的礼仪，对下不讲长幼的人伦道理，对内不能够禁止强暴，对外不能够威服敌国，这三个人是危害国家的祸害啊，不如除掉他们。"景公说："这三个人武艺高强，要擒擒不了，要刺刺不中，如何是好？"晏子说："这三个人都是凭自己的力量攻击强敌的，不懂长幼的礼仪。"于是请求景公派人给他们三人送去两只桃子，让他们论功而食。景公使人馈二桃，因三人分食缺一便说："三位为什么不计算各自的功劳而吃桃子呢？"

公孙捷仰天长叹道："晏子，真是个聪明的人！他让景公用这种办法来比量我们的功劳大小。不接受桃子是没有勇气，接受吧，人多桃少，我何不说说自己的功劳来吃桃子呢？我曾有一次空手击杀一只大野猪，一次徒手打死一只母老虎，像我这样的功劳，完全可以独吃一只桃子了。"说完拿过桃子站了起来。

田开疆说："我手持武器曾两次打败敌人三军，像我这样的功劳，也可以独吃一只桃子。"说完也拿过桃子站了起来。

古冶子说："我曾随从国君渡黄河，一头大鼋叼走左骖潜入砥柱山下的激流中。我就一头潜入水底，逆水潜行百步，又顺流而行九里，终于捉住大鼋，把它杀死了。我左手握住鼋的尾巴，右手提着鼋头，像鹤一样跃出水面，船夫们都说：这是河神！像这样的功劳，也可以独吃一只桃子吧。二位何不把桃子还回来。"抽出宝剑就站立起来。公孙捷、田开疆齐道："我们的功劳不及您，拿走桃子而不谦让，这是贪心；既然这样而又不敢一死，这是没有勇气。"二人都还回手中的桃子，自刎而死。古冶子说："二位都死了，我独自活着，这是不仁；拿话羞辱别人，而夸耀自己的功劳，这是不义，行为违背了仁义，不死，就是怕死鬼。"说完也把桃子交了回来，自刎而死。

孔子在评价晏子这一具体行为时就毫不留情地说"晏子，小人也"！晏婴"二桃杀三士"的故事更是说明晏婴其人不光喜欢作秀，而且还很阴险毒辣。但从另一方面，我们也不得不佩服晏子的智慧，他在知道这三位勇士关系深厚，不宜攻破，故而采取用二桃来离间他们之间的关系。

在我们的生活中，也有一些人效仿晏子的手段，他们收买联盟中的一部分人，而冷落另一部分人，把矛盾转移到对方阵营的内部。虽然这是一种玩弄人际平衡、以术代道的小人手段，但确实也体现了纳什均衡的思想。从另一个方面看，一个精密的合作的完成，也是需要有人做出牺牲的，需要我们放下暂时的利益争端，凡事让一步。

博弈论小贴士：

如果我们希望避免"三勇士被杀"的悲剧，就应该学会妥协和退让，斤斤计较、太过精明，最终是无法获得人际合作的。

"剩女"到底是怎么剩下的

男大当婚女大当嫁，这是中国人常说的天经地义的道理，那些暂时找不到对象的大龄未婚女性，现在流行叫"剩女"。其实，并非"剩"下来的都是不优秀的，相反，我们可以发现的是，加入那些相亲大潮的，往往是那些高学历、高收入、高素质的女性。

崔晓燕有着周围人美慕的职业——心理医生，还有着姣好的身材，但奇怪的是，已经三十几岁的她依然单身一人。在朋友一次次的催促下，已经成为"剩女"的她也不得不加入相亲的队伍。

那天，她被朋友拉到一家大型的会所，在进入场所后，她四处打量了一下，前来相亲的女孩大概有二十多个，男士有五六十个。而与这二十几个相貌一般的女孩相比，她确实是最漂亮的，因此，她十分自信地缓缓走入会所大堂，找了个靠窗的位置坐下，等待男士们的主动邀请。但奇怪的是，直到最后会场的人都离开后，崔晓燕也没有等到那个欣赏她的人。

一个相貌和能力都出众的女心理医生，为什么最终会成为剩女？相亲场所又被冷落？相信很多人都感到好奇。对此，经济学上的纳什均衡能给出一个解释。

在电影《美丽心灵》中，有这样一个情节：

有一天，男主角纳什和同学去酒吧喝酒，他们看到一个漂亮的金发女郎，于是，大家都开始琢磨：去不去追求她呢？纳什从这个问题中吸取灵感，也就是人们说的"金发女郎问题"。

一般来说，酒吧里都会有多名男性，现在，我们来假设，美丽的金发女郎只有一个，当然，还有其他相貌次之的一些女性。男人们都对金发女郎感兴趣，但是追不追呢？男士们考虑，有女伴总比没有好，如果他们都主动追求金发女郎，那么，到最后，可能谁也没有女伴，与此同时，他们的行为也可能会激怒其他的女士。关于这个问题，我们可以用博弈论中的支付矩阵来表示：

		男生A	
		追	不追
男生B	追	-3 -3	1 0
	不追	0 1	2 2

从这个图表中，我们不难看出，对于所有的男士来说，他们最明智的选择是不追金发女郎。追求其他女士，男士们才不会空手而归。因此，纳什开玩笑说，所有男士都应该忘掉金发女郎。

从金发女郎问题上，后来，纳什提出了著名的纳什均衡点。纳什均衡是指博弈中这样的局面，对于每个参与者来说，只要其他人不改变策略，他就无法改善自己的状况。纳什在证明了每个参与者都只有有限种策略选择、并允许混合策略的前提下，纳什平衡一定存在。以两家公司的价格大战为例，纳什平衡意味着两败俱伤的可能：在对方不改变价格的条件下，既不能提价，否则会进一步丧失市场；也不能降价，因为会出现赔本甩卖。于是两家公司可以改变原先的利益格局，通过谈判寻求新的利益评估分摊方案，也就是Nash平衡。类似的推理当然也可以用到选举，群体之间的利益冲突，潜在战争爆发前的僵局，议会中的法案争执等。

在上述金发女郎这个问题上，我们不难看出，对于所有在场的男士来说，最佳的选择是不去追求金发女郎。这里的纳什均衡点就是放弃金发女郎，去追求其他女士。尽管金发女郎是大家的最爱，但是风险太大了，被拒绝的可能性太高，于是，大家只能退而求其次。

这一分析相信能解释在我们生活的周围，越是那些长相漂亮、学历相当的女士，越是较少有追求者，因为男士们大多数会有这样的顾虑：漂亮的女士追求者会有很多，被拒绝的可能性就越大，结果反而会空手而归。不如选择去追难度系数小的其他女士。

博弈论小贴士：

现实生活中，大多数人都是理性的，即便是面对漂亮的女士亦是如此。美丽的女士是大多数男士倾心的对象，但绝不是最佳的选择，为了减少失败的可能性，他们会转而去追求那些看起来更易让自己成功的女孩。

第5章
实力强未必会胜出：枪手博弈

生活中，我们常听到这样一句话："适者生存，优胜劣汰。"我们所处的环境，总是充满着竞争，总是弱肉强食，强者才是统治者，才有话语权，才能保证不被人欺侮。但果真是这样吗？即便是弱者，也有他们的生存之道。事实上，弱者只要能掌握一些博弈的智慧，他们甚至还会扭转局势。那么，弱者究竟是怎样生存的，他们又该有怎样的生存智慧呢？本章我们就从枪手博弈这一模型中来找到答案。

三个枪手的博弈：谁是枪战后的幸存者

博弈论中有个经典的模型——枪手博弈，这个模型是这样的：

甲、乙、丙是三个死对头，这天，他们约定了要进行生死对决。在这三个人中，甲枪法最好，十发八中；乙枪法次之，十发六中；丙枪法最差，十发四中。

那么，如果这三个人同时开枪，并且，他们只能射出一发子弹，那么，第一轮枪战后，谁活下来的机会会更大些？也许你认为是甲，因为他的枪法最好，而实际上，结果会让你大吃一惊，因为枪法最差的丙却是最后的幸存者，你或许会感到意外，那么，接下来，我们就来分析一下各个枪手的策略。

枪手甲一定要对枪手乙先开枪。因为乙对甲的威胁要比丙对甲的威胁更大，甲应该首先干掉乙，这是甲的最佳策略。同样的道理，枪手乙的最佳策略是第一枪瞄准甲。乙一旦将甲干掉，乙和丙进行对决，乙胜算的概率自然大很多。

枪手丙的最佳策略也是先对甲开枪。乙的枪法毕竟比甲差一些，丙先把甲干掉再与乙进行对决，丙的存活概率还是要高一些。

我们计算一下三个枪手在上述情况下的存活概率：

甲：24%（被乙丙合射40% × 60% = 24%）

乙：20%（被甲射100%-80% = 20%）

丙：100%（无人射丙）

通过概率分析，我们发现枪法最差的丙存活的几率最大，枪法好于丙的甲和乙的存活概率远低于丙的存活概率。

但是，上面的例子隐含一个假定，那就是甲乙丙三人都清楚地了解对手打枪的命中率。但现实生活中，因为信息不对称，比如枪手甲伪装自己，让枪手乙和丙认为甲的枪法最差，在这种情况下，最终的幸存者一定是甲。所以，无论是历史，还是现实，那些城府很深的奸雄往往能成为最后的胜利者。这样的例子，对你的职场生涯或者官场生涯是否很有启发呢？

俗话说得好："枪打出头鸟"，这句话并不是没有道理的，那些爱显摆、做人高调者往往是别人排挤的对象，而那些为人低调，懂得韬光养晦的人才会取得真正的成功。"低头是谷穗，昂头是谷秕。"低调是立世的根基。低调做人，不仅可以保护自己，使自己与他人和谐相处，避免与人产生冲突，还能使自己暗中积蓄力量、悄然潜行，在不显山露水之中成就伟业。

冯异驰骋沙场几十年，战功累累，是汉光武帝刘秀中兴时的杰出统帅，他有帅才，却从不使气，虽战功赫赫，却仍低调做人。每次战役结束后，诸将并坐论功时，他为了避功，把封赏让给部下，常常独坐在大树下读书思过，因而军中称他为"大树将军"。

更始元年，大司马刘秀率王霸、冯异等将领历经艰险，攻克邯郸，擒斩王郎，平息叛乱。冯异在邯郸之战中，千方百计克服种种困难，连夜为夜宿河北晓阳地区的大军筹措粮秣，熬煮稀豆粥，使将士饥寒俱解，恢复战斗力。

刘秀率军行至南宫时，正逢大雨滂沱，寒气逼人，又是冯异四处奔波，取薪燃火，供将士取暖烘衣，送上热气腾腾的麦饭，使官兵衣干腹饱，重上战场。

邯郸之战，刘秀大胜。他赞扬冯异"功勋难估，当为头功"。正当刘秀召集将领盘坐旷野、论功行赏时，冯异却独自离众，待在一棵老槐树下聚精会神地读《孙子兵法》。当侍卫连拖带拉地将冯异带到刘秀跟前时，冯异却对封赏一再推让。实在推托不掉，他便建议将此功让给属下的一名偏将，令这位偏将大受感动。刘秀见冯异淡泊功利，又赏他许多金银，冯异却悉数分给这次作战中表现勇猛的士卒。

冯异的这种处事方式，是一种大智慧，"良贾深藏才若虚，君子盛德貌若愚。"这句话的意思其实就是：聪明的商人总是隐藏其宝物，君子品德高尚，而外貌却显得愚笨，这就是一种低调，低调做人是非常值得赞赏的一种做人的品格。冯异就是一个低调的人，他的做法使他调动起部下来得心应手，部卒愿意为他效力，同级之人佩服他，上司也欣赏他。

生活中，也有一些年轻人的确"才高八斗"，但却自恃才高，居功自傲，结果引来别人的排挤，于是，哀叹"世态炎凉"、"时运不济"，其实，他们更应该思考的是，自己在做人方面是不是有什么失误。要想获得友谊，赢得良好的人际关系，就要平和待人，切不可自以为是；要想赢得成功，就更要学会低调做人。

在这个错综复杂、五彩缤纷的世界上，不同的人有不同的命运，有的人一生乐观豁达，与世无争、他们谦虚好学，平步青云，一路欢乐，让人赞扬和钦佩；而有的人则骄傲自满、处处受阻，最终导致郁郁寡欢，碌碌无为，抱恨终生，遭人非议、鄙视、唾弃。很明显，我们都愿意选择前者，其实，这两种人生境遇的差异，究其原因，是为人"调"不同，低调做人是一种生存的大智，是一种韧性的技巧，是做人的一种美德。

博弈论小贴士：

在多人参与的博弈中，因为复杂的关系的存在，最后胜出的，并不一定是实力最强的。谁能笑到最后，谁才是赢家，善于运用博弈策略者，才会成为这位最后的赢家。

强者要学会放低姿态

枪手博弈中，实力最弱的丙比甲乙存活下来的几率都大。从这里，我们可以看出来，对于强者而言，避免成为众矢之的的方法就是隐藏自己。因此，生活中的任何一个人，都要记住这一处世原则，不要让自己成为众矢之的。你是否发现这样依稀现象，你会发现在生活中那些工作出色、处处拿第一的人，似乎并没有什么朋友，而那些能力一般的人似乎周围总是不缺朋友，其实，也就是这个道理，因为每个人都不希望自己的朋友强于自己，让自己成为配角，而对于那些抢尽风头的人，他们一般必会采取措施来排挤他。

有两只气球，这天，它们相遇了。

其中一个气球总是喜欢跟别人争，总想超过别人。当看到同伴的个头和它一般大的时候，它很不服气，因此它努力吸更多的空气。为不使同伴超过它，它贪得无厌地吸食着气体，把躯体撑得又肥又胖，皮肤薄的透明，而且光润有泽。就这样，它还不满足，又把自己的气嘴扎紧，怕漏了一丝空气。当一只手来压迫它时，它仍不肯松口，结果它不堪重负，"砰"地一声破碎了。

此时，另外一只气球，则不像这只气球那样，它吸食的空气并不太多，总是保持在自己能承受的范围内，它的肤色当然不如同伴那么光亮，气嘴扎得也不太紧，当那只手来压迫它时，它就毫不吝啬地释放一些空气，虽然损失了一些空气，但保全了自己，所以这只气球仍然健在。

这个道理同样适用于人际间的博弈，交际应酬中，低调行事实际上是一种养晦之计，不求争先、不露真相，这种甘为愚钝、甘当弱者的低调行事术，实际上是精于算计的隐蔽。低调是一种智慧，是为人处世的黄金法则，懂得低调的人，必将得到人们的尊重，受到世人的敬仰。

低调为人，我们应从以下几个方面做起：

第一，在行为上要低调。

（1）深藏不露，是智谋：过分地张扬自己，就会经受更多的风吹雨打，暴露在外的椽子自然要先腐烂。一个人在应酬中，如果不合时宜地过分张扬、卖弄，那么不管多么优秀，都难免会遭到明枪暗箭的打击和攻击。

（2）时常有人稍有名气就到处洋洋得意地自夸，喜欢被别人奉承，这些人迟早会吃亏的。所以在处于被动境地时一定要学会藏锋敛迹、装憨卖乖，千万不要把自己变成对方射击的靶子。

（3）才大不可气粗，居功不可自傲：不可一世的年羹尧，因为在做人上的无知而落得个可悲的下场，所以，才大而不气粗，居功而不自傲，才是交际的根本。

（4）做人不能太精明：低调做人，不要小聪明，让自己始终处于冷静的状态，在"低调"的心态支配下，兢兢业业，才能做成大事业。

（5）规避风头，才能走好交际路：老子认为"兵强则灭，木强则折"、"强梁者不得其死"。老子这种与世无争的谋略思想，深刻体现了事物的内在运动规律，已为无数事实所证明，成为广泛流传的至理名言。低调做人，便可峰回路转。在待人处世中要低调，当自己处于不利地位，或者危险之时，不妨先退让一步，这样做，不但能避其锋芒，脱离困境，而且还可以另辟蹊径，重新占据主动。

第二，在言辞上要低调。

（1）不要揭人伤疤：不能拿朋友的缺点开玩笑。不要以为你很熟悉对方，就随意取笑对方的缺点，揭人伤疤。那样就会伤及对方的人格、尊严，违背开玩笑的初衷。

（2）放低说话的姿态：面对别人的赞许恭贺，应谦和有礼、虚心，这样才能显示出自己的君子风度，淡化别人对你的嫉妒心理，维持和谐良好的人际关系。

（3）说话时不可伤害他人自尊：讲话要有分寸，不要伤害他人。礼让不是人际关系上的怯懦，而是把无谓的攻击降到零。

（4）得意而不要忘形：得意时要少说话，而且态度要更加谦卑，这样才会赢得朋友们的尊敬。

（5）祸从口出，没必要自惹麻烦：要想在办公室中保持心情舒畅的工作，并与领导关系融洽，那就多注意你的言行。对于姿态上低调、工作上踏实的人，上司们更愿意启用他们。如果你幸运的话，还很可能被上司意外地委以重任。

（6）莫逞一时口头之快：凡事三思而行，说话也不例外，在开口说话之前也要思考，确定不会伤害他人再说出口，才能起到一言九鼎的作用，你也才能受到别人的尊重和认可。

（7）耻笑讥讽来不得：言为心声，语言受思想的支配，反映一个人的品德。不负责任，胡说八道，造谣中伤，搬弄是非等，都是不道德的。

（8）说话不可太露骨：别以为如实相告，别人就会感激涕零。要知道，我们永远不能率性而为、无所顾忌，话语出口前，考虑一下别人的感受，是一种成熟的人处世方法。

博弈论小贴士：

真正有实力的人是不会外露的，在博弈中，有智慧的人往往低调行事，给自己留一条退路，相反，不少人总是慨叹自己生不逢时，而实际上，他们不知道的是，自己被早早出局是由于当初不懂得放低姿态，成为别人攻击的靶子。

蓝契斯特法则：如何做到以少胜多、以弱胜强

蓝契斯特法则的提出者是出生于英国的技术工程师蓝契斯特。原本，他是一个汽车工程师，他天生喜欢挑战，喜欢有难度的事，他不满足于狭隘的工作领域，因此，当他在为奔驰公司做技术顾问时，他又把眼光放到了飞机上，最终，通过他的努力，他成为了一个伟大的航空工程师，并且，最重要的是，他对历史最大的贡献就是螺旋桨的研究。

然而，即便已经成就卓越，他还是对其他事物产生了兴趣。他开始对实际空战的数字发生兴趣，对于几架飞机对几架飞机的战斗结果将如何，这个问题触动更进一步去收集各种地上战斗的资料，以探索兵力的比率和损害量之间是否具有某种法则的存在。这即是蓝契斯特法则的由来。

蓝契斯特法则分为第一法则（单兵战斗法则）和第二法则（集中战斗法则），而由这两个法则的观念，再导出弱者的战略（第一法则的应用）和强者的

战略（第二法则的应用）。

第二次世界大战以后，这一法则逐渐从战争中退出，进而被运用于大营销管理领域。蓝氏法则不仅是有效的营销管理法则，在商品战略、市场规划、流通渠道等方面都有较大的实用价值。许多跨国公司在营销中特别是在区域战略中成功地运用了蓝氏法则。其中就包括德国大众公司的"点、线、面市场进入法"。

这一策略是德国大众汽车公司有名的市场开拓方法，也是目前许多海外跨国公司在开拓中国市场时的惯用手法，它融合了蓝氏法则的3、4、5、6、7条。

其内容是：企业在选定目标市场并确定其为最后攻占的目标区域后，首先，实行点的占据企业不可能一开始就进入目标区域的中心，只能在这一区域的附近选择有利的阵地点，并在这个点上展开强有力的营销活动。

其次，在第一点的营销活动取得相当成功后，再在目标区域附近另选第二点。第二个点完成后，便可形成营销网络的线。

再次，在线形成后，再选第三点，此点应能与第一、第二点形成对目标区域的包围圈，这样营销面积便告形成。在面积形成后，企业向目标区域的重要点——中心点推进，从而实现目标区域的全面进入。

这一策略方法体现的是稳扎稳打、循序渐进、不断建立外围据点、最后中心开花的战略思想。许多国际著名企业都曾成功地运用过这一策略方法。日本企业采用这一策略在进入美国市场时几乎是无坚不摧。德国大众公司在中国上海成功建立合资企业后，随即与一汽集团合资生产小汽车，并且占有中国将近一半的小汽车市场，可以说是这一策略在中国市场的成功实践。

根据蓝契斯特法则，企业在制订发展规划与对手抗衡时，也应该注意到以下几点：

（1）发展某一区域市场时，首先按照自然的和人为的地理条件、人口集中度、人口移动规律等情况对区域进行细分，随后选择可连成三角形包围该区域的三个最有利点，个个攻破，使占有率达到40%的相对安全值。面积形成后，从三个方向向最终目标的正中央推进，使竞争对手瓦解在空中的环形区域中。此法又称点、线、面法则，它提供了区域战略的基本原理和实施步骤。

（2）在争夺市场的竞争战中，强者多处于守势，而弱者趋向于进攻。防守与进攻的战略互不相同，因此首先应区分攻击目标和竞争目标。比自己实力强的是攻击目标，反之为竞争目标。对攻击目标应采用差异化战略进行攻击，通过品牌形象、技术工艺、产品性能、顾客服务的独特性来提高市场占有率；而对竞争目标则应用防守战略，密切注意对方行动意图，抢先实施模仿战术，扰乱对方计划。在这里，确立双方战略态势是采取恰当战略的首要步骤。

（3）实力弱小的公司在战略上应以一对一为中心，创造单打独斗的战略区域和战略型产品，避免以所有产品和所有区域为目标。选定特定的阶层对象，展开局部战斗，以点的反败为胜，连线为面，取得最终胜利。

（4）在营销过程中，必须考虑企业在产业和市场中的位置。在许多攻击目标中，首先集中力量对付射程范围内的足下之敌，避免多方树敌。第一位企业应经常推出新产品，并及时了解第二位可能的差异化战略，从而在时间上抢先一步。所以，其情报收集能力、情报管理制度和开发创新能力，是维持企业地位的关键。第二位的企业必须以独创性开辟生存空间，通过差异化一决胜负。

博弈论小贴士：

在商业竞争中，各方的实力固然重要，但并不是决定性因素。各类企业应结合具体产品的地区、流通特性，灵活运用各种战略。

别忽视职场那些不起眼的小人物

枪手博弈告诉我们，那些实力弱小的人不容小觑，他们比那些实力外显的人更危险，他们常常厚积薄发，让人刮目相看。这也给所有身处职场中的人一个启示，那些左右逢源、能力突出的人固然值得结交和重视，而那些平庸和不起眼的小人物也惹不起。这不仅是一条博弈对策，更是职场潜规则，重视那些不起眼的小人物，也就是为自己喝彩。而得罪那些平庸的同事，很多时候也可能是"玩火自焚"。

事实上，那些看似游手好闲的平庸同事，说不定担当着救火队员的光荣任务，关键时刻，老板还需要他们往前冲。所以，千万别和他们过不去，实际上你也得罪不起。

原以为外企公司的人个个精明强干，谁知过关斩将的魏莹拿到门票进来一看，不过如此：前台秘书整天忙着搞时装秀；销售部的小张天天晚来早走，3个月了也没见他拿回一个单子；还有统计员秀秀，整个一个吃闲饭的，每天的工作只有一件：统计全厂203个员工的午餐成本。魏莹惊叹：没想到进入了信息时代，竟还有如此的闲云野鹤。

那天去行政部找阿玲领文具，小张陪着秀秀也来领，最后就剩了一个文件夹，魏莹笑着抢过说先来先得。秀秀可不高兴了，她说你刚来哪有那么多的文件要放？魏莹不服气，"你有？每天做一张报表就啥也不干了，你又有什么文件？"一听这话秀秀立即拉长了脸，阿玲连忙打圆场，从魏莹怀里抢过文件夹递给了秀秀。

魏莹气哼哼地回到座位上，小张端着一杯茶悠闲地进来："怎么了，有什么不服气的？我要是告诉你秀秀她小姨每年给咱们公司500万的生意……"然后打着呵欠走了。

下午，阿玲给魏莹送来一个新的文件夹，一个劲儿向魏莹道歉，她说她得罪不起秀秀，那是老总眼里的红人，也不敢得罪小张，因为他有广泛的社会关系，不少部门都得请他帮忙呢，况且人家每年都能拿回一两个政府大单。

职场中，像小张和秀秀一样的不起眼的同事很多，她们看似不起眼，就是一群"闲云野鹤"，但在关键时刻，却起着至关重要的作用。这样的人，也是我们在职场应该"给予掌声"的对象，因为我们的职场命运，有时候就掌握在他们手里，他们给领导和上司的一句话，就决定了我们的升迁和去留。

另外，职场成功的一大妙处就是为自己赢得人心，赢得了人心，能让我们在职场左右逢源，好人缘能为我们所用。我们深知"三十年河东三十年河西"的道理，今天平庸的同事明日不一定平庸，与他们结交，多鼓励他们有时候对于别人来说就是一种莫大的肯定和认可。

与那些不起眼的同事结交，这也是职场应酬的一大策略，也是一项长远的人情投资。你的举手之劳或许正是别人的真正的需要，因此，不要吝惜你的帮助，鼓励别人，更是成就自己。

一个在巴黎旅游的外国人，在车站附近遇到一个街头卖艺者，其琴声悠扬，令人感伤，吸引了不少行人。拉完一曲，周围的人纷纷往钱罐里丢钱，有的面额还不小。转眼工夫，钱已装满了罐子。但卖艺者脸上并没有一丝欣喜的表情。

"已赚到不少钱了，他为什么还不快乐？"旅游者望着卖艺人那依旧忧郁的面孔，疑惑地问。

"也许他需要掌声吧。"她的朋友淡淡地说了一句。

旅游者的心被触动了。她缓缓抬起手来，为之鼓掌。果然，卖艺人那张暗淡瘦削的脸慢慢绽开了，眼睛里还溢出了感激的泪水。

不错，卖艺者心底的最终期待是掌声！钱只不过是别人因可怜他而给予的一种恩赐，而掌声则是对他人生经历的赞许和鼓励，是真正发自内心的无私认可。

身在职场，我们谁都会有生不逢时的时候，这时候，我们能做到的最好的帮助就是一点掌声，为之喝彩，因为这能给人以奋斗之动力和奋斗之信心。掌声能帮助一个水手在黑暗、广袤的海洋中找到希望之灯；这掌声能使一个求知者在断壁悬崖边找到通幽之捷径；这掌声能使一个绝望者的"冰心"解冻，重整生活之旗鼓。这掌声使人感到自己受到了关注，得到了赞许。他们因为有了掌声而倍感欣慰，他们也因为有了掌声而信心百倍。而对于我们自身来说，也为我们赢得了人心，争取了人缘，为我们的职场路铺了一次人情砖，加了一次人情瓦，他日，当我们需要帮助的时候，别人也一般会鼎力支持。因此，这掌声对于我们来说，就是一次最不需要风险的情感投资。

博弈论小贴士：

职场如战场，每一个角色我们都不能忽视，那些看似不起眼的平庸的同事，有时候却决定了我们的职场前途，所以，尽量与他们和睦相处，为自己赢得人心，才是职场战术的一项长久之计！

弱者的生存之道——弱弱联合策略

在枪手博弈的模型中，我们发现，刚开始我们所认为的实力强大的一方，却被弱者打败，很明显，这很明显是一个强者的悲剧。那么，在这种实力悬殊的博弈中，作为弱者的一方，我们该怎么扭转局面呢？

无数生活中的实例证明，在强大的对手面前，弱者保护自己的最好的方法就是与同为弱者的另一方结成联盟，另外，它甚至还能帮助我们扭转局势。古人云："三个臭皮匠，赛过一个诸葛亮。"这句话很明确地表明了团队合作对于弱者的意义：团队行动可以达到个人无法独立完成的成就。也就是说，只要团队中的每个人都能充分发挥个人的才智，就能将团队的力量发挥到最大。但这里的充分发挥，很明显，是要各取所长，把每个人的力量发挥到最大。我们先来看下面的一个故事：

一天夜里，台风来袭，下了很大的雨，不一会儿，河堤也决口了，村子很快被洪水淹没了。第二天一大早，人们站在村庄的高处，看着已经被淹没的家园，倍加伤感。

正在这时候，有人看见水面漂了个东西，于是，他大喊："快看，好像有个人！"于是村长让村里会游泳的人下水去看看，但过了一会儿，此人就游回来了，他对村长说："是一个蚁球！"

就在他说话时，人们发现，那个黑点又漂了过来，越来越近，人们看清了：这个蚁球居然有足球那么大！这些黑乎乎的蚂蚁们紧紧地抱在一起，洪水迅猛，很多外层的蚂蚁如同被剥去的洋葱皮一样被剥离开，掉进水里，最后漂浮在水上，它们牺牲了。

慢慢的，这个蚁球终于漂到岸上了。此时，蚁球上的蚂蚁很有秩序地逐渐散开，像极了一艘打开的救生艇。随后，它们列成队，逐渐离开了岸堤。在岸边，人们看到了很多牺牲的蚂蚁，但它们仍然紧紧地抱在一起。

面对死亡，蚂蚁仍能团结地抱在一起，彼此依靠，互相信任，冷静地抗击灾难，团结就是力量，如果人心所向，众志成城，就能以最小的代价获取最大的成功。

叔本华说：单个的人是软弱无力的，就像漂流的鲁宾孙一样，只有同别人在一起，他才能完成许多事业从小我们就高喊："团结就是力量"，合作就是力量。我们都知道，21世纪是一个合作的时代，合作已成为人类生存的手段。因为科学知识向纵深方向发展，社会分工越来越精细，人们不可能再成为百科全书式的人物。每个人都要借助他人的智慧完成自己人生的超越，于是这个世界充满了竞争与挑战，也充满了合作与快乐。同样，每个青少年，也要对合作引起重视，并把合作的意识运用到日常的生活和学习中。

那么，具体来说，我们该如何与弱者联合呢？

1. 消除心理成见

可能你会认为，这样做岂不是很功利？可是，哪一段关系能完全摒弃功利呢？生活中，我们经常听到一些人抱怨朋友不讲交情，不够哥们儿。其实，引起抱怨的主要原因就是自己的某种需求没有得到满足，而这种需要何尝不是功利性的呢？人们常常说的那种没有功利性色彩的友谊，几乎是不存在的。比如，当你发现某个人对你有利用价值，而主动与之建立关系的时候，如果发现你不过是个腹中空空的草包，那么想必他对同你做朋友也不会有多大兴趣。

2. 学会为人所用，体现自己的价值

"被利用"的价值，这个词听起来好像过于功利了，而人际关系心理学家认为，互利是人际交往的一个基本原则。虽然我们的社会提倡奉献和利他精神，但这是一种最高层次的人际交往境界，很难要求所有人都做到这一点。

人之所以需要与人交往，多半时候，都是想从交往对象那里满足自己的某些需求，这种满足，既有精神上的，也有物质上的。所以，按照人际交往的互利原则，人们实际上采取的策略是：既要讲感情，也要有功利。可以说，人际交往中的互惠互利合乎我们社会的道德规范。

博弈论小贴士：

竞争激烈的现代社会，无论是个人还是企业，单打独斗的个人英雄主义已经行不通。尤其是与强者抗敌，更不要指望你一个人能做到。

第6章
谁是真正的勇者：斗鸡博弈

斗鸡博弈所描述的是两个实力相当的人在相遇时如何在对抗冲突时使自己获得最大的利益，确保损失最小。这是一个势均力敌的局势。此时，对于双方来说，都有两种选择，前进或后退。如果对方退下来，而自己进攻，则对方失败；如果一方退下来，而对方没有退下来，对方获得胜利；如果双方都退下来，双方则打个平手；如果双方都前进，那么则两败俱伤。因此，这场博弈中，对每只公鸡来说，最好的结果是，对方退下来，而自己不退。然而，这又何其难？

针尖对麦芒时胜者谁

博弈论上有个著名的斗鸡博弈，这个模型是这样的：

试想有两只公鸡遇到一起，每只公鸡有两个行动选择：一是退下来，一是进攻。如果一方退下来，而对方没有退下来，对方获得胜利，这只公鸡则很丢面子；如果对方也退下来，双方则打个平手；如果自己没退下来，而对方退下来，自己则胜利，对方则失败；如果两只公鸡都前进，那么则两败俱伤。因此，对每只公鸡来说，最好的结果是，对方退下来，而自己不退。其矩阵如下：

鸡乙/鸡甲	前进	后退
前进	（−2，−2）	（1，−1）
后退	（−1，1）	（−1，−1）

上表中的数字的意思是：两者如果均选择"前进"，结果是两败俱伤，两者

均获得-2的支付；如果一方"前进"，另外一方"后退"，前进的公鸡获得1的支付，赢得了面子，而后退的公鸡获得-1的支付，输掉了面子，但没有两者均"前进"受到的损失大；两者均"后退"，两者均输掉了面子，获得-1的支付。当然表中的数字只是相对的值。

这个博弈有两个纳什均衡：一方前进，另一方后退。但关键是谁进谁退？这场博弈中，如果有唯一的纳什均衡点，那么这个博弈是可预测的，即这个纳什均衡点就是事先知道的唯一的博弈结果。但是如果一博弈有两个或两个以上的纳什均衡点，则任何人无法预测出一个结果来。因此，我们无法预测斗鸡博弈的结果，即不能知道谁进谁退，谁输谁赢。

斗鸡博弈是进或退之间的博弈。在生活中，这样的博弈随处可见。

比如，小河上有座独木桥，一天，两个人从桥头的两个方向来过桥，两个人迎面撞上。此时，如果一人退回到桥头，则两个人都可以顺利通过；但如果双方都不后退，那么，谁也过不了桥。这个情况和斗鸡博弈很类似，两只公鸡僵持不下，最终的结果只能是斗得难分难解，两败俱伤。在这场博弈中，要想取得胜利，就要在气势上压倒对方，以迫使对方先退。比如过独木桥，每个人都不愿从桥中间再退回去，因为这样可能会损失面子。

双方都渴望先过桥，因而都希望对方先退。但出于对自己利益最大化的心理，双方可能都不愿意退，那么很可能会造成第三种结果，即在双方都不愿意退的情况下，可能双方都不能过桥。在这个博弈中也存在两个"纳什均衡"，也就是不知道最后究竟谁先退，不知道输赢。但在这个博弈中也存在妥协过程，因为他们最终的目的是过桥，如果双方都僵持不下，那么最终可能都不能过桥。只有经过妥协和协商，才能够达到各自的目的。

另外，社会生活中，我们发现，往往没有无理取闹的人、发疯闹事的人在发生纠纷以后更容易震慑住理性的人。

一个简单的例子就是，在公路上发生了交通事故，一个无赖和一个书生进行理论，由于时间成本不一样，斗鸡博弈是很容易产生的，最后的结果往往是一个：秀才遇到兵，有理说不清。

斗鸡博弈强调的是，如何在博弈中采用妥协的方式取得利益。事实上，如果双方都换位思考，它们可以就补偿进行谈判，最后造成以补偿换退让的协议，问题就解决了。博弈中经常有妥协，双方能换位思考就可以较容易地达成协议。考虑自己得到多少补偿才愿意退，并用自己的想法来理解对方。只从自己立场出发考虑问题，不愿退，又不想给对方一定的补偿，僵局就难以打破。

当然，在实际生活中，斗鸡博弈并不是一开始就存在的，而是也像博弈中的那两只公鸡一样，会彼此试探对方，甚至会在经过争斗之后才了解何种选择对自己最有利。像那两只公鸡一样，刚开始的阶段，它们会相互试探，甚至是经过激烈的搏斗后才会做出对自己有利的选择。在一方已经失利的情况下，另一方的选择有两种，要么是前进，要么是后退，正是因为有这样的博弈心理，所以，一般情况下，它们不会轻易后退。这也就是前进和后退中的斗鸡博弈带给人们的优势策略。

博弈论小贴士：

斗鸡博弈在很大程度上强调了一种"机会成本"的概念，一个有更多机会成本丧失的人往往表现得更加理性，更加地拘束，更加地患得患失，而几乎没有什么机会成本的人往往在生活中更加地肆无忌惮。然而，两个人，狭路相逢时，如果谁都不退让，就没有真正的赢家，结果也只能是两败俱伤。

以退为进的策略：聪明的胆小鬼

斗鸡博弈告诉我们，在势均力敌的情况下，我们没有必要与对方拼个你死我活，最明智的选择是相互妥协，选择对彼此都有利的方法。在博弈论中，有个与斗鸡博弈相似的胆小鬼游戏，大意是这样的：

有两个血气方刚的少年，他们为了赢对方，这天，他们约好，从两个不同的方向各自驾着一辆车，开足马力，向对方撞去……他们很明显，如果他们不调转方向，那么，最终的结果就是同归于尽，但如果他们躲避了，那么，就会成为被人笑话的胆小鬼，也就输掉了面子。但在理智的思考后，他们还是选择了做胆小鬼。

日常生活中，有很多这样的情况，是妥协还是斗争下去？在解决问题上，妥协当然不是最好的方法，但在没有更好的办法出现之前，它却是最好的办法。

不得不承认，当今社会，处处存在激烈的竞争，与对手较量，难免会产生利益的冲突，此时，那些以大局为重、聪明的人都绝不会逞一时之勇，与对手斗气，而是先隐忍过去，以退为进，先让对手三分，隐藏实力，并伺机而动，厚积薄发。的确，硬碰硬并不是真的勇气，那些最后获取胜利的往往是智慧的胆小鬼。"退避三舍"的故事就说明了这个道理。

春秋时候，晋献公因为听信谗言，杀了太子申生，又派人捉拿申生的异母兄长重耳。重耳事先知晓此消息，就逃出晋国，在外流亡十几年。后来，经过一番跋山涉水，他来到了楚国，楚成王是个有远见卓识的君王，他认为重耳日后必定大有作为，在闻讯重耳来到楚国后，便以国君之礼相迎，待他如上宾。

一天，楚王设宴招待重耳，两人饮酒叙话，气氛十分融洽。

忽然楚王问重耳："你若有一天回晋国当上国君，该怎么报答我呢？"

重耳略一思索说："美女侍从、珍宝丝绸，大王您有的是，珍禽羽毛，象牙兽皮，更是楚地的盛产，晋国哪有什么珍奇物品献给大王呢？"

楚王说："公子过谦了，话虽然这么说，可总该对我有所表示吧？"

重耳笑笑回答道："要是托您的福，果真能回国当政的话，我愿与贵国友好。假如有一天，晋楚国之间发生战争，我一定命令军队先退避三舍（一舍等于三十里），如果还不能得到您的原谅，我再与您交战。"

四年后，重耳真的回到晋国当了国君，就是历史上有名的晋文公。晋国在他的治理下日益强大。

公元前633年，楚国和晋国的军队在作战时相遇。晋文公为了实现他许下的诺言，下令军队后退九十里，驻扎在城濮。楚军见晋军后退，以为对方害怕了，马上追击。晋军利用楚军骄傲轻敌的弱点，集中兵力，大破楚军，取得了城濮之战的胜利。

这就是"退避三舍"的故事，以退为进，先让对方三分，能让对方放松警惕，此时，一举进攻，便能一举攻破对方的弱点之处，获得最后的成功。

懂得减速和停止，是人生的一种境界，一味地追求高速度和高效益，也许并不能达到预期的目标，反而会适得其反，用了多大的冲劲，就能招致多大的损伤。这是必然的，或许就是因为有了喘息的机会，才有足够的体力进行下一步的飞跃。

其实，当今社会，与人交往亦是如此，高手如云，不少人争强好胜，锋芒毕露，给人造成了咄咄逼人的感觉，其结果往往适得其反。其实用点心机，适当"示弱"，并不是表示你无能，有时反而起到化解矛盾、以柔克刚的作用，取得意想不到的妙效。承认"无知"，多学多问，是铺设走向成功之路的必备素质。学会了妥协，就能学会以屈求伸，以退为进，以静制动，以柔克刚，你才可能成为最后的胜利者。

以退为进，是平心静气后的理智思考，有利于自己找到目标。打个比方说，人走在沙漠中，会心慌意乱，不知往哪个方向走，这就是为什么有些人会死在沙漠中。倘若能冷静下来，借助星辰找准方向，朝着一个方向走，结果会大不一样。

不过，我们也不可能事事退让，妥协要看具体情况。退的最终目的是进，而是为了实现双赢。《将相和》的故事中，蔺相如一而再，再而三地忍让着廉颇，终于使廉颇认识到自己的错误，使自己和廉颇都能各尽其用，使赵国繁荣昌盛。李嘉诚不贪小利，对于失败的竞争对手，他并没有死追穷打，而是对其留条财路，最终使他自己成为亚洲第一富豪。以退为进，不仅为自己，也为了别人。

博弈论小贴士：

冲突面前，选择妥协和退让，并不是真的胆小鬼，而是一种策略，以退为进，是我们每个人都追求的目标；退，则是为了更好地进。进退之间，方显智慧。

修炼强大气场，在气势上压倒对方

斗鸡博弈这一模型中，参与博弈的是两只公鸡，在彼此博弈的过程中，谁也不肯认输，最终结果是两败俱伤。为此，我们建议，博弈中实力相当的双方，最好都要学会退让。当然，除此之外，如果我们不想后退，还可以掌握一条主动击退敌人的方法，这就考验到气场的大小。古人云："不战而屈人之兵"，就是这个道理。两军对垒，除了实力的对抗外，还有心理的较量，让对方感受到你的气场，主动撤退，才是我们的最优策略。

《三国演义》"徐州战"中有这么一段：

刘备领着关羽、张飞、赵云、太史慈等人日夜兼程赶到徐州与孔融、田楷会和。却发现曹操已经攻破小沛，此时已经围困了徐州城。

……张飞冲入曹军阵中，曹军顿时人仰马翻，丈八蛇矛将敢于挡在它面前的任何东西都搅得一团粉碎，那霸道的气势连一向以勇猛著称的青州兵也不由得退避三尺。如果说，关羽的刀法是一种王道让人无法生出对抗之心，那张飞的蛇矛就是一种霸道让人忍不住瑟瑟发抖。

百万军中取上将首级，如探囊取物耳。

尽管周围都是自己的士兵，曹操仍忍不住泛起一丝寒意，两丈外，脸如黑炭般的张飞提着丈八蛇矛直指曹操，曹操想要退入后阵之中，却发现张飞的气场早已锁定了他，只要他一动，那凌厉的气势会将他割得粉碎。一时间，天地里仿佛只剩下了他们两个人，没有人能帮得了他，那高竿的帅旗此时也仿佛如支持不住般轰然倒下，丈八蛇矛猛然向曹操刺来，曹操几乎绝望地闭上了眼睛。

……

这时曹军的将领也都退了回来，最惨的要属于禁，背上被管亥劈了一刀，要不是仗着马快，恐怕已经被劈成两段了。

曹操与刘备的首次交锋就这样落下帷幕，曹操在占据着绝对优势兵力的情况下大败而回，伤亡近五千人，而这只是这两个绝代雄主的第一次碰撞。

刘备与曹操首次交锋大获全胜，其中少不了张飞的功劳，他和曹军交锋的时候，和曹操正面对决，凭着一股不怕死的精神，在气场上就以绝对优势压倒了对方，胜利自然势在必得。而张飞的气势从何而来？从心理学的角度看，一个是固化在人脸上的表情显示的个人性格特点，张飞一脸严肃，着实令人望而生畏。

我们发现，在任何一个行业，任何一个成功人士，都有着鲜明的个性，都有强大的自身气场，和微软的比尔·盖茨一样，他们都非韬光养晦的"潜龙"，而是个性鲜明的商界领袖。正是这种魅力，他们能用活力带动周围的气氛，并产生积极的作用。

那么，什么是气场呢？所谓气场，就是一个人的某种内在的空间的自我延伸，他直接决定了一个人对周围的人影响力如何。尤其是在那些人与人之间距离较近的社交场合，你的内心世界一般都会显现出来，同时也会影响到他人。如果你是一团火，那么，周围的人就会感到温暖和火热；如果你是一块冰，那么，旁边的人也只会觉得寒冷；而如果你是一缕春风，旁边的人则感到舒适怡然。故我们要在人群中活得自由快乐，便首先要使自己具备一定的气场。比如谈判，尤其是价格谈判，很多谈判者，总是觉得自己处于劣势，就理应给对方做让步，潜意识中就觉得应该被人剥削，结果损失很多，而假如他们在谈判前，先调整好自己的心态，主动营造成一种有利于自己谈判的氛围，那么，或许又是另外一种情况。

那么，我们该怎样主动创造这样的气场呢？

1. 克服自卑，具备自信心

生活中，有这样一些人，与人交往中，我们总是表现得很自卑，甚至躲着他人，走路时低着头，说话时只有自己听得见，不愿跟熟人打招呼，不敢正视他人的眼睛，这些表现都是社交恐惧和自卑心理在作怪。我们要想处理好人际关系，首先就必须克服这一点。

高度的自信心意味着对自己信任、尊重和肯定，也意味着对自己生活的实力充分地了解。

2. 区分心理优势和"清高"

心理优势与所谓的"清高"是不一样的概念。有一些人，他们总是觉得自己与众不同甚至高人一等，于是，在与人交往中，他们会表现得清高、不理人，但实际上他们的能力又不一定比他人强，为此，他们只能故作清高，将内心封闭起来，即使他人想与他交往，他也会表现得十分茫然、不知所措。而当大家都不理他时，他又会觉得自尊心受到了伤害。而有心理优势的人则不一样，他们在与人交往的时候，表现得镇定自若，即使遇到他人的恶意攻击，他们也能坦然面对，而这才是真正的气场。

其实，真正的气场，是需要自我创造的，当你具备心理优势后，你会主动吸引别人与你交往，而不是患得患失。

3.时刻保持良好的社交礼仪

中国是礼仪之邦，万事以礼相待，一个懂得礼数的人会由内而外散发出吸引人的气质，这类人往往也不缺朋友。

博弈论小贴士：

与人博弈的过程中，如果你能让对手感受到你的实力和气场，让对方主动退出僵局，那么，这将是最为高明的策略。

别把面子看得太重要

从斗鸡博弈中，我们可以看出的是，在博弈过程中，如果你的实力较弱却十分看重面子的话，那么，在激烈的角逐中难免会遭受重创；而假如你有一定的实力，那么，为了所谓的面子，你也有可能无法取得圆满的胜利。这时，即便你赢得了胜利，那么，这种胜利也是以惨烈的牺牲为代价的。因此，从经济学的角度看，这样的胜利未免有点得不偿失。因此，从纯粹利益的角度看，遭遇斗鸡博弈时，如果为了面子而失去利益，那么，这种面子不要也罢。

然而，我们都知道，中国人最重视面子，面子就是尊严，伤什么不能伤面子。在很多人的心目中，面子是尊严的代名词，生活中，也有很多人，无论何时，都为自己做足面子：囊中羞涩却硬要做东，因为面子上过不去；生活困难也不求助，为爱面子；不愿作为却勉强为之，为给面子……面子，实在太重要了。丢失了面子，就丢失了光荣，失去了光彩，矮了身份，感到脸上无光，心中无味。面子问题真的这么重要吗？实际上，"要面子"并没有什么错，从某种程度看，它是人类的优点，这是知廉耻、懂礼仪、求上进的表现，但如果"死要面子"，那么，就必然会走向极端，甚至会让你失去人生中的重要机遇。而那些智慧的人却能客观对待面子，在机遇面前，他们懂得舍小求大，放下了所谓的"面子"，从而为自己争取到了更大的利益。可以说，抛开面子，是一种选择的策略，更是一种斗鸡博弈的智慧。

的确，实际上，人们死要面子，是不愿承认个人力量的不足，而实际上，任何人都不是万能的，日常生活中，有太多事情，是你自己无法完成的，也有太多的事情，需要你放下面子，抓住机遇。假如你是一个下属，希望能升职加薪；假如你是一名病人，希望能找到一个医术高超的医生解除你的病痛；假如你是还为工作发愁，希望能找到一份如意的工作；假如你急需一笔钱周转生意……这许许多多、大大小小的希望便构成了生活，为了抓住这些改变现状的机遇，你必须要舍得下面子，但很多人一提到这点便皱眉头，甚至羞于告人，觉得很没面子，他们对求人怀有一定的偏见，认为那一定是卑躬屈膝、低三下四的。其实不然，一个人，要想在社会中生存得更好，就要懂得把握机遇，如果你为了所谓的面子而畏首畏尾，那么，你只能坐叹机遇不等人。

总之，人各有所长，也各有所短。以己之短，追慕他人所长，常常力所不及。如果能够摒弃这种以虚假的幻象，就会正确认识自我，也便能正确地看待面子问题，在机遇来临前，也就能懂得取舍，放下所谓的面子，从而为自己争取更多的机遇！

博弈论小贴士：

爱面子之心，人皆有之，每个人活在这个世界上，都渴望能够得到别人的尊重，都希望自己在别人面前能有面子。面子的重要性是不言而喻的。但在斗鸡博弈中，为了面子而输掉利益的方法是不可取的。相反，如果我们能舍得丢掉面子，就会勇于做他人看来不会做之事，就会付出比他人更多的努力，那么，最终，你也会成就一番他人无法企及的事业。

把握全局，成为最后的赢家

斗鸡博弈告诉我们，真正的成功不是某一阶段的，而是全局的。评价一个策略的优劣，也要从发展的角度考虑。在与对手较量的过程中，除非你能保证绝对打败对方，否则，任何最初阶段的成功都将转换为自我毁灭。因此，在考虑问

题时，站得高就能看得远，从全局出发，就能做到思虑周全。生活中人们常说的
"真正的赢家必定是笑到最后的"也是这个道理。那些真正的智者往往能做到从
全局角度思考问题，他们能把握事情的发展脉络，做出正确的抉择。

我们先来看下面一个故事：

春秋时期，一次，宋、齐、晋、卫等十二国经过协商后，准备联合攻打郑
国。郑国国君听闻消息后，立即找来群臣商议，大家一致认为可以向十二国中的
最大国晋国求和。晋国君主看到郑国的诚意，也就同意了，并也说服了其他十一
国。

为了感谢晋国的帮助，郑国君主派人送来大批礼物：各种绫罗绸缎、黄金白
银、歌女十六人、众多乐器、乐师等。

看到这么多的礼物，晋国君主喜从心中来，便派人叫来他的功臣魏绛，说：
"你跟随我多年，也跟我出生入死，为我出谋划策，我们好比奏乐一样的和谐合
拍，真是太好了。现在让咱俩一同来享受吧！"

可是，魏绛谢绝了晋悼公的分赠，并且劝告晋悼公说："咱们国家的事情之
所以办得顺利，首先应归功于您的才能，其次是靠同僚们齐心协力，我个人有什
么贡献可言呢？但愿您在享受安乐的同时，能想到国家还有许多事情要办。古人
云'居安思危，思则有备，有备无患。'现谨以此话规劝主公！"

绛这番远见卓识而又语重心长的话，使晋悼公听了很受感动，高兴地接受了
魏绛的意见，从此对他更加敬重。这个故事中，魏绛就是个有远见卓识的人。正
是因为他懂得从全局考虑，为晋悼公说了一番忠言，才赢得晋悼公的敬重。

那么，什么是全局思维呢？所谓全局思维，就是战略思维，具体说，全局思
维就是从实际出发，正确处理全局与局部、未来与现实的关系，并抓住主要矛盾
制订相应规划，为实现全局性、长远性目标而进行的思维。很多时候，问题的
出现是因为人们局限了自己的思维，如果你能走出思维的死胡同，从全局考虑的
话，你就能找到真正的症结所在。

当然，要做到从全局思考问题，我们一定要在日常的生活和学习中多汲取外
界信息，这样方可开阔眼界，启发思路，做出具有远见卓识的决策。在当今知

识、信息大爆炸的时代，信息已成为最重要的战略资源，它可以被提炼成知识和智慧，因而在战略问题的研究中越来越具有突出作用。事实证明，无论是谁，了解、掌握的信息量越大，知识面越广，思辨鉴别能力就越强，学习、做事起来就越来越能得心应手、应对自如，从而真正做到谋大局。

要提高这种思维能力，你应注重抓住以下几个问题：

1.注重理论武装，以丰富的理论修养与知识素养作支撑

很难想象，一个没有理论思维的人，能总揽和驾驭全局。而提高理论思维能力的根本途径就是学习，要通过学习强化知识武装头脑。

2.注重信息扩展，开阔想问题、做决策的眼界和空间

在当今知识、信息大爆炸的时代，信息已成为最重要的战略资源，它可以被提炼成知识和智慧，因而在战略问题的研究中越来越具有突出作用。要对事关全局的重大问题进行战略思维，你必须以了解和掌握大量的信息为前提，这样方可开阔眼界，启发思路，做出具有远见卓识的行动决策。

3.强化全局观念，培养凡事谋全局的思维习惯

树立全局观必须一事当前想着全局，思考问题、筹划工作，应依据全局的方针、政策、原则指导局部，切实吃透上头的，摸清下头的，形成自己的，创造性地抓好落实。坚持局部服从全局，在培养凡事谋全局思维习惯的同时，要注重谋略锻炼。

4.强化求真务实，在实践中确立全局观

"没有调查研究就没有发言权"、"没有调查研究就没有决策权"这两句话，充分说明了一个人如果不知道、不重视实践就会在战略上丧失政治主动权。鉴于此，领导者必须通过各种途径和手段力争了解和掌握多方面的信息。

总之，如果你希望自最终战胜竞争对手，你就学会从策略的角度思考问题，不要局限于自己的思维形式。

博弈论小贴士：

与人较量的过程中，即使当下你的某一个策略会为你带来损失，但它最后还是会为你赢得胜利。

把对手变为朋友，实现共赢

从斗鸡博弈中，我们不难发现，对于竞争的双方来说，最好的结果莫过于双方都退让一步，也就是把对手变为朋友。不得不承认某些人蓄意阻挡我们前进，然而，大多数情况下，双方确实因为阴差阳错而交恶。在这种局面下，我们不能采取针尖对麦芒的方式，而应该学会调整自己的心态，如果能化敌为友，那么，不仅能避免两败俱伤的局面的出现，还有可能找到一条让双方共同前进的道路。下面是世界上的顶级富翁巴菲特和比尔盖茨之间的一段故事：

曾经一度，世界首富比尔·盖茨和世界第二富翁沃伦·巴菲特是两个互不相干的人，彼此认为对方是一个小气、顽固、靠投机敛财的人。但后来的一次机遇，让他们重新认识了彼此，并建立了深厚的友谊。这件事情发生在1991年。

那年的一天，巴菲特给盖茨寄去了一张华尔街CEO聚会的请帖，主讲人就是巴菲特，因为对巴菲特心存偏见，盖茨对这次聚会不屑一顾，对于这张请帖，他也随手丢到了一旁，这一幕被盖茨的母亲看到了，她劝解自己的儿子："我倒是觉得你应该去听听，他或许恰好可以弥补你身上的缺点。"母亲的话对盖茨起到了作用，他决定以全新的态度去认识巴菲特这个商界前辈。

两人见面后，对盖茨同样心存偏见的巴菲特也傲慢地说："你就是那个传说中非常幸运的年轻人啊？"在听过母亲的劝解后，盖茨是抱着一颗真心来结识巴菲特的，因此，面对巴菲特并不客气地问候，他没有针锋相对，而是真诚地鞠了一躬："我很想向前辈学习。"盖茨的这一举动让巴菲特觉得很意外，但也很感动，就是这一举动，让巴菲特对盖茨的印象一下子好了很多。

就在离会议开始还有一段时间时，这两个商界奇才坐到了一起，他们就世界经济这一问题发表了自己的看法，他们发现，原来彼此对于很多问题的见解都如此惊人的一致，除此之外，他们还有很多共同点，都是白手起家、热衷冒险、不怕犯错误。不知不觉中，时间溜过去一个多小时，意犹未尽的巴菲特被催促着来到演讲台上，他的开场白竟然是："在开始讲话之前，我想说的是，今天我第一次和比尔·盖茨交谈，他是一个比我聪明的人。"

从这次聚会之后，他们之间进行了更为密切的交往，随后，他们都发现原来彼此从前对对方存有很深的偏见。盖茨逐渐认识到，原来巴菲特并不是人们所说的吝啬小人，而是对金钱有着超凡脱俗的深刻见解，他说："财富应该用一种良好的方式反馈给社会，而不是留给子女。"就是在他的影响下，一心忙于工作、对婚姻持怀疑态度的盖茨终于学会了热爱家庭。

而在巴菲特眼里，盖茨也是个年轻有为的"真人"。2006年6月15日，盖茨宣布将逐步退出微软，专心从事慈善基金会的事业。紧随其后，6月25日，巴菲特因为妻子过早去世，决定将把370亿美元的财产捐给盖茨的慈善基金会。

巴菲特多次公开说，此生最了解他的人就是盖茨；而盖茨尊称巴菲特为自己人生的老师。

可以说，盖茨和巴菲特之间的偏见的解除，是由盖茨这个年轻人的一句"我很想向前辈学习"而逐渐解开的，他曾经给巴菲特的印象就是一个幸运的年轻人，而当他决定用一个真心去结交巴菲特的时候，他已经决定抛开成见，他跨出了交往的第一步，才会有后来两人关系的逐渐好转到成为莫逆之交。从这个故事中，我们看出一点，人与人之间的感情是相互的，要想获得他人的喜欢，我们首先就要尝试喜欢他人，并主动伸出友谊之手。

不得不说，在面对对手和敌人时，人们多半会采取不屈不挠、抗争到底的态度，这也是斗鸡者们的共识，然而，真正明智的人会选择另外一种方式：站到敌人身边去，与敌人成为朋友。

人际交往其实也是博弈的过程，如果双方博弈的结果是"零和"或"负和"，那么，一方得益的同时，就会导致另一方受损或者双方都受损，最终导致的结果是两败俱伤。所以，为了生存，我们必须要学会共赢，要达到共赢，在人际交往中，我们就要做到：

一方面，我们要用友善的态度对人，在与人交谈的时候，要多考虑对方的感受，不要轻易地说让他人心情不悦的话，更不要随便当面指出对方的缺点，即使他人有什么过错，也应该迂回、委婉地指出来，让他人感受到你的善解人意，这样才能取得别人更多的信任和喜爱。

另一方面，与任何人交往，都不可太过感性，如果只与那些说好话的人交往，就会有掉进奉承的陷阱里，而交不到真正的朋友。

再次，我们应该放宽自己的眼界，不要只与自己喜欢的人交往。因为很多我们不喜欢的人，却是能激励我们成长的人，他们常常忠言逆耳，常常不厌其烦地指正我们的行为。

博弈论小贴士：

把对手变为朋友，从经济学的角度看，这样不仅能在竞争中不战而胜，更能交到一个与自己实力相当的朋友，实乃一举两得的美事！

当机立断，别在犹豫不决中丧失先机

当我们把两只斗鸡放在一起，一场斗争蓄势待发。假设这两只斗鸡都体型健壮，且有信心战胜对方，那么，势必会斗得难分难解；假设其中一只斗鸡既没有胜利的把握，也没有丢掉面子的勇气，那么，情况又会怎么样呢？很显然，这只斗鸡会陷入两难的境地，接下来，它会在前进与后退中犹豫不决，而最终，它会因此而把自己弄得精疲力竭，败在对手的蓄势待发中。

我们可以猜测的是，对于每一只斗鸡来说，都可以选择进或者退，这两种策略都可以算是最优策略，唯有对峙最不可取，它会让一只斗鸡既丧失主动权，又白白耗费了精力，那最终，它只有挨打的份了。

其实，无论是竞争还是做任何事，犹豫不决都是执行力差的表现，都会让我们失去有利的时机，一个执行力强的人通常都能当机立断，无往而不利。我们先来看下面一个故事：

法国哲学家布里丹养了一头小毛驴，每天向附近的农民买一堆草料来喂。这天，送草的农民出于对哲学家的景仰，额外多送了一堆草料，放在旁边。这下子，毛驴站在两堆数量、质量和与它的距离完全相等的干草之间，可是为难坏了。它虽然享有充分的选择自由，但由于两堆干草价值相等，客观上无法分辨优劣，于是它左看看，右瞅瞅，始终也无法分清究竟选择哪一堆好。于是，这头可怜的的毛驴就这样站在原地，一会儿考虑数量，一会儿考虑质量，一会儿分析颜色，一会儿分析新鲜度，犹犹豫豫，来来回回，在无所适从中活活地饿死了。

小毛驴在充足的两堆草料面前，却落得个饿死的下场，真是令人匪夷所思。可见，迟疑不定不仅对人们做出正确的行为无丝毫的帮助，还会让人们延误时机，甚至酿成苦果。而实际上，除了动物以外，人类似乎也在重复这个幼稚的错误。尤其是那些自我意识不强的人，他们总会因为周围人的一些所谓的建议而踟蹰不定，而最终，他们也和这头小毛驴一样一无所获，甚至付出沉重的代价。

的确，有时候，当需要我们执行的时候，当断不断，必受其乱：为人行事，必须坚决果敢，当机立断，一旦决定下来就应该马上去做，如果前怕狼，后怕虎，只会白白丧失很多机会，考虑太多只会造成"竹篮打水一场空"的后果。生活中的我们，也应该记住这个道理：只要是自己认定的事情，绝不可优柔寡断。犹豫不决固然可以免去一些做错事的机会，但也失去了成功的机遇。

同样，这个道理可以运用到如何抓住机遇上，在你决定某一件事情之前，你应该运用全部的常识和理智慎重地思考。如果发现好的机会，就必须抓紧时间，马上采取行动，才不至于贻误时机。如果犹豫、观望而不敢决定，机会就会悄然流逝，后悔莫及。瞻前顾后的行动习惯使人丧失许多机遇，很多时候，很多事情，如果我们能横下一条心去做，事情的结果就会大不相同。

的确，工作和生活中，不乏这样的人，他们激动得多，行动得少。表扬得多，真干得少。因为他们在准备实践的时候，总是考虑这个考虑那个，而这样，肯定会错失时机，后悔莫及。最大的成功并不是在那些嘴上说得天花乱坠的人，也不是那些把一切都设想得极其美妙的人，而是那些脚踏实地去干的人。其中，成功素质不足、自信不足、心态消极、目标不明确、计划不具体、策略方法不够多、知识不足、过于追求十全十美，这些都是人们瞻前顾后、不敢行动的原因。

约瑟夫是个典型的聪明的犹太商人。他曾经投资了一家小型保险公司，但谁知道这家公司居然遇到了火灾，许多投资人心慌意乱，都纷纷把自己的股份卖了。但约瑟夫却剑走偏锋，买下了所有的股份，别人都以为他疯了。

这的确是一场大的赌博，但事实证明，他是有眼光的。就在完成理赔会，这家公司的信誉出奇的好，很多新的客户都很放心地在他这投保，约瑟夫由此也发了大财。的确，不少犹太人看来，每一次风险都隐藏着许多成功的机会，风险越大收益也越大，只有敢于冒险的人，才会赢得财富。

这是一个当机立断的典型事例。在外人看来，约瑟夫的做法是冒险的，但约瑟夫并不是有勇无谋，他就是掌握了人们对保险这一行业的心理，只有自信，才能让他人相信自己，约瑟夫的这一举动，正是向人们证明了这一点，他所投资的公司的信誉自然也就增加了。

总之，与人博弈中，我们不仅要有当机立断的魄力，还要有观察时局的能力，要明了何时进，何时退，只有这样，我们才能掌握主动，在博弈中取得胜利。

博弈论小贴士：

博弈中，我们难免会陷入两难的境地，此时，我们一定要明辨利害关系，找出主要矛盾，根据主要矛盾找出最佳策略，这才会让我们在博弈中取得胜利。

第7章

囚徒困境的破解之道：重复博弈

在囚徒困境中，两个囚犯是完全自私的，他们只会考虑到自己的利益，于是，他们背叛了自己的同伴、选择了向警方坦白，但对于他们二人来说，这却不是最佳策略。然而，现实生活中，当人们也都在追逐利益时，结果却完全相反，这是为什么呢？因为囚徒困境中只是一次性博弈，而现实生活中，人们进行的却是重复博弈，无论是契约、道德还是法律都会使人们走向合作。

重复博弈能破解囚徒困境

何谓重复博弈？重复博弈是一种特殊的博弈，顾名思义，就是将一个博弈重复进行下去，前面，我们讨论过囚徒困境，我们已明白，在单个的囚徒困境中，对于博弈的双方来说，他们有两种选择，合作或对抗。若使自身获得最大化的利益，那么，对抗就是最好的选择。现在，我们来假设一下，两人采取合作的态度，他们的收益均为50元；若甲采取合作的态度，乙选择对抗的话，则甲收益0元，乙获得100元；反过来，甲对抗乙合作的话，则甲收益100元，乙为0元。甲乙都对抗的话，则各自获得10元。任何一个聪明的博弈者都能看出，合作优于对抗。那么，生活中，为什么人们还是宁愿选择对抗而不合作呢？因为我们所讨论的囚徒困境是"一次性买卖"，那么，无论对方选择什么，我的最优策略总是对抗，任何一个理性的人，也就自然而然选择对抗了。

从这里，我们也就不难看出，对于一次性关系而言，甲乙彼此双方选择对抗是必然的结果，假如甲乙有长期关系，那么，情况就会有所变化。我们来进行分析：第一次博弈的过程中，在不知道对方选择的情况下，他们都选择对抗，收益是甲乙都获得10元；假如他们一直对抗下去，那么，收益也只能是10元，而在经过几次的接触后，他们知晓合作的收益是50元，也就会选择彼此合作。当然，还有一种情况，假设在经过协商后，甲选择合作，而乙依然对抗的话，那么，乙虽然在这次博弈中可以多得到50元，那么，在失信于人之后，甲就再也不会与他合作，他也就从此失去了获得50元的机会了。

其实，关于合作与对抗的博弈，日常生活中随处可见，比如，我们坐公共汽车，你很有可能和某个人因为一个座位的问题而争吵起来，甚至还会比谁的嗓门更大，因为你不认识他，谁也不认识谁。而假如对方是你认识的熟人，那么，你不但不会与之争吵，还会谦让，因为你知道，都是朋友、邻居、同事，抬头不见低头见，日后还要重复博弈。

我们再比如，最近一些年，农村民间金融快速发展起来，这是为什么呢？因为在农村，大家比城镇之间的人际关系更亲密，他们多半以血缘、邻里关系为纽带，大家见面的机会多，一个人的信誉如何，大家都清楚，如果有人不还款，很快就会被传开，那么，他就再也贷不到款了。

再比如，我们去菜市场买菜，总是能听到老板说："我天天在这里摆摊，你放心吧。"他之所以强调这一点，就是为了让你放心，他话里的意思用专业术语来解释就是："我跟你是重复博弈。"

这里，我们就找到了破解囚徒困境的方法——重复博弈，要获得诚信，也可与对方进行重复博弈。没有谁会被同样一个谎言欺骗两次，言而无信的人最终无法获得别人的支持和帮助，也无法维持长久的人际关系。

很久以前，在一个古镇上，有一个老锁匠，老锁匠很受人尊重，因为他不但技艺高超，而且为人正直、收费合理。每次，当他把锁交给客人时，他都会告诉对方自己的地址和姓名，然后说："如果你家发生了盗窃，只要是用钥匙打开家门的，你就来找我！"

很快，老锁匠老了，他不想让自己的一生技艺失传，便想收个徒弟，后来，在别人介绍下，他看重了两个年轻人。一段时间以后，两个年轻人都学会了不少技术。但老锁匠明白，能得到真传的只能是其中一个人，为此，他还得对他们两人进行一番考察。

老锁匠准备了两个保险柜，分别放在两个房间，让两个徒弟去打开，谁花的时间短谁就是胜者。结果大徒弟只用了不到十分钟就打开了保险柜，而两徒弟却用了半小时，众人都以为大徒弟必胜无疑。老锁匠问大徒弟："保险柜里有什么？"大徒弟眼中放出了光亮："师傅，里面有很多钱，全是百元大钞。"问二徒弟同样的问题，二徒弟支吾了半天说："师傅，我没看见里面有什么，您只让我打开锁，我就打开了锁。"

老锁匠十分高兴，他终于找到自己正式的接班人了，为此，他向大家宣布了这个好消息。输了的大徒弟自然不理解，而众人也是想知道其中原因，对此，老锁匠微微一笑说："不管干什么行业都要讲一个'信'字，尤其是我们这一行，要有更高的职业道德。我收徒弟是要把他培养成一个高超的锁匠，他必须做到心中只有锁而无其他，对钱财视而不见。否则，心有私念，稍有贪心，登门入室或打开保险柜取钱易如反掌，最终只能害人害己。我们修锁的人，每个人心上都要有一把不能打开的锁。"

大徒弟和二徒弟不同的测试结局，关键就在于他们是否"诚"，言而无信，人之大忌。做人就要做得踏踏实实！谁也不愿和没有诚信的人交友。

可见，诚实是建立友谊的基本前提，是赢得信任的筹码。做人诚实，才能使人放心；赢得信任，别人才有可能和你推心置腹。

博弈论小贴士：

虚伪的人，靠欺骗过日子，虽然有时也能取得暂时的效果，但都是"一锤子买卖"，一旦被揭穿就臭不可闻。

眼光长远，舍小利赚大利

在重复博弈过程中，博弈的参与者会面临短期利益与长远利益的权衡和抉择，但部分聪明的人都很选择放弃短期利益而获得长期利益，这也是重复博弈告诉我们的。生活中，在我们的周围，总是有一些人，他们总以为自己很聪明，懂得抓住眼前利益，而事后他们发现，原来自己是舍本求末，因为自己贪图一时利益而失去了更大的利益空间。相反，那些智慧之人，往往都具有更长远的眼光，他们在行事之前，都会权衡利弊得失，更不会因为一些蝇头小利而一叶障目，他们懂得放下，可见，眼光在生命的价值中折射出舍得的智慧。具备长远的眼光，放下小利，方可成就大业。

只是更多的时候，我们舍不得放弃手头实实在在的利益，心里想的也是怎样保证眼前的利益不受损失。殊不知，这样做只会任机会溜走，不但不会有所得，严重的甚至会失去更多。舍小利以谋远，关键在一个"舍"字，只有舍得，才能获得。

古今中外，有很多人因为鼠目寸光而失去长远发展的机会，却也有很多人因为眼光长远而成就丰功伟业。

从前，村子里有一个孩子叫方仲永，从来没有读过书，等到5岁的有一天，他突然大哭大闹了起来，说要纸和笔，可他们家里实在是太穷了，连一支笔和一张纸也没有呢！家里的人都劝他，他不听，结果只好在邻居家借了一张纸和一支笔他马上不哭了，还写了一手好字呢！结果村外的和村里的人知道的都叫他去写字了，他父亲带着他到处去给人写字，有的人为了感谢他就给了他一些银子，他父亲认为仲永能帮他挣钱了，就不让他去读书，而以此为牟利的机会。

过了很多年后，有一个村子里的人出去回来了，问："永现在如何了？"有一个人回答："跟普通人没什么两样了。"

仲永本身个资质不错的人，可最终却"泯然众人矣"。这就是因为他的父亲鼠目寸光，以仲永现有的天资为赚取利益的资本，而没有给仲永提供良好的学习环境，导致他"小时了了，大却不佳"的不幸的结局。

事实也证明，懂得放弃眼前的利益，甚至是吃点小亏的人，最终获得的是比当时还要大上几倍、甚至几十倍的收益。在现实生活中，无论是与人竞争还是与人合作，我们都不要总是计较眼前的利益，而是要把眼睛看到远处，懂得从长远利益出发，舍小利为大谋，这正是一种难得的博弈智慧。

犹太人罗斯柴尔德是一个很精明的商人。长时间的生意经验让他十分清楚地意识到，要在这个犹太人备受歧视的社会里脱颖而出，最有效的办法就是接近手握巨大权势的领主并博得其欢心。

好不容易，他被通知可以接受当地领主的接见。这是个难得的机会，他觉得自己一定要把握住。为此，他不但把花了很多心血和高价收集的古钱币以低得离奇的价格卖给公爵，同时还极力帮助公爵收古币，经常为他介绍一些能够使其获得数倍利润的顾客，不遗余力地帮公爵赚钱。

如此一来，公爵不但从买卖中尝到了很多甜头，对古钱币的兴趣也越来越浓。罗斯柴尔德和他的关系逐渐演变为带伙伴意味的长期关系，远非只是普通的几笔买卖关系。

罗斯柴尔德是个舍得下血本的人。他为了实现长期战略，宁可舍弃眼前的小利。这种把金钱、心血和精力彻底投注于某个特定人物的做法，日后便成为罗斯柴尔德家庭的一种基本战略。如若遇到了诸如贵族、领主、大金融家等具有巨大潜在利益的人物，就甘愿做出巨大的牺牲与之打交道，为之提供情报，献上热忱的服务；等到双方建立起无法动摇的深厚关系之后，再从这类强权者身上获得更大的收益。如果说一两次的"舍本大减价"一般人也可能做得到的话，罗斯柴尔德这种一直"舍本"帮助别人赚钱的做法不能不说是难能可贵的。虽然他得以在宫廷出出进进，但自己在经济上仍然相当拮据。

在罗斯柴尔德25岁那年，他获得了"宫廷御用商人"的头衔。罗斯柴尔德的策略奏效了。

放长线钓大鱼，舍小利获大利，这就是成功的犹太商人的生意经。也是罗斯柴尔德获得成功的心得。人际博弈中也是如此，为了得到长期的利益，必须在开始的时候让对方尝到他一辈子也忘不掉的甜头。

然而，在博弈过程中，我们难免与人产生利益的冲突，，此时，我们不妨把自己和对方所处的位置关系交换一下，站在对方的立场上，以他的思维方式或思考角度来考虑问题。这样，通过换位思考，你就会发现，他的要求并不过分。通过换位思考，你会真切地理解他此时此地的感受；通过换位思考，你也会变得宽容。

博弈论小贴士：

无论是与人竞争还是合作，我们都不要计较眼前利益，而是要从长远利益出发，这正是一种懂得重复博弈的大智慧。

道德的制约作用

我们都知道，人都是社会的人，都生活在一定的集体中，制约我们行为的，除了有法律外，很多时候，还有道德的力量，因为我们每个人都有追求高尚的动机，另外，人际之间也有一种约定俗成的规范，以此来制约博弈参与者的行为。越来越多的博弈论专家发现，人们经过长期交往形成的社会道德规范，也是制约背叛行为的有力机制。我们先来看下面这样一个关于猴子的故事：

有五只猴子，它们被放到一个笼子里，在笼子的上空，他放了一串香蕉，众所周知，猴子是最爱吃香蕉的，看到香蕉，它们就伸手去拿，但此时主人会用水去教训"越界"的猴子，直到后来，再也没有一只猴子敢拿香蕉了。

再后来，这个人再在这个笼子里放了一只新的猴子，并拿出一只老的猴子，新来的猴子不知这里的"规矩"，也伸手去拿香蕉，结果触怒了原来笼子里的4只猴子，于是它们代替人执行惩罚任务，把新来的猴子暴打一顿，直到它服从这里的"规矩"为止。

此人不断地将最初经历过水惩戒的猴子换出来，最后笼子里的猴子全是新的，但没有一只猴子再敢去碰香蕉。

起初，猴子怕被新来的、不懂规矩的猴子牵连，不允许其他猴子去碰香蕉，这是合理的。但后来人和水惩戒、都不再介入，而新来的猴子却固守着"不许拿香蕉"的制度不变，这是因为猴子之间产生了"道德"，在道德的约束下，他们便认为取香蕉是"不道德"的行为，是应制止的。

从这个故事中，我们能看出来的一点是，道德是一种变相的惩罚机制，它能保证重复博弈的顺利进行。一旦有人违反道德规范，他就会成为众矢之的，成为谴责的对象。也就是说，我们只有努力成为诚实、正直的人，也才能逐渐建立信誉，获得他人的支持。

1858年，在美国有个代参议院竞选活动，亚伯拉罕·林肯坚持要发表一次演讲，但这次演讲却对他的竞选有负面作用，为此，他的朋友劝他不要发表。对此，林肯的态度是："如果命里注定我会因为这次讲话而落选的话，那么就让我伴随着真理落选吧！"他是坦然的。他确实落了选，但是两年之后，他就任了美国的总统。

许多年前，一位作家因为投资失误，损失了一大笔财产而陷入了经济困难中，为此，他决定用以后赚取的每一分钱来还债。三年以后，他已经小有名气，为此，当地的一些媒体采取以募捐的方式来帮助他结束这种折磨人的生活，但他拒绝了。他把这些钱退还给了捐助人。几个月之后，许多要人都慷慨解囊，这是一个诱惑。后来，他的一本轰动一时的新书的问世，他偿付了所有剩余的债务。这位作家就是马克·吐温。

这就是道德的力量，它能给人带来很多好处，他人的信任和尊重。然而，令我们感到担忧的是，在我们生活的周围，总是也会出现一些令人们感到惊奇的违反道德的行为，这些行为是集体意义上的，在一些事情上，一些人抱着事不关己高高挂起的心态，只要不危及自己的利益，他们的态度都是冷漠的，殊不知，当有一天你遇到同样的情况时，你又是什么态度？

在邻居朋友眼里，刘大妈就是个活雷锋，平日里，她看到别人需要帮助，会毫不犹豫地伸出援助之手，然而，就在上周末，刘大妈却对助人这一行为产生了犹疑之心。

那天，刘大妈上菜市场买菜，就在一个菜摊处，刘大妈看见好多人围在一起，她走过去凑热闹，她看见一个老人倒在地上，看样子是骨折了，刘大妈心想，怎么人们都这么冷漠，都不去帮帮他呢？于是，她赶紧走上前去，但此时，她停住了脚步，她看了看周围的人，大家也都和她一样，四处张望，最终，刘大妈还是没有把老人扶起来。

一路上，刘大妈心中像倒了五味瓶一样，回到家，她瘫坐在沙发上，她反思：平时的那个活雷锋去哪儿了？我怎么变得这么冷漠？

要消除这种令人感到叹惋的集体悲剧行为，我们还是要培养人的道德感。它能使我们获得心理上的满足。这里，我们应强调的是，那些自私的人并不是精明的，相反，他们只是鼠目寸光，他们看不到道德规范背后的强大力量，做出对集体有利的行为，他获得的长久利益是巨大的。

博弈论小贴士：

与人博弈，在法律规范不起作用的情况下，采用道德来制约彼此的行为无疑也是一件明智的行为。

带剑的契约才更安全——让法律来改善囚徒困境

前面，我们谈到，道德是制约人们背叛和作弊的一项制约措施。除了道德外，人们通常也会设立其他惩罚机制，以此来减少人们作弊的动机。在一次性博弈中，这些惩罚机制很难起作用，因为没有下一次的合作，人们就不必要担心会被惩罚。相反，在重复博弈过程中，一方作弊，对他的惩罚将会在以后的博弈中出现。比如，违背承诺，当其中一方没有遵守自己的诺言，他受到的惩罚远超过其违背承诺得到的收益，因此，违背承诺的行为也就会消失。

以上是针对一般性的合作而言，在特殊的博弈，比如，价格战中，这些惩罚机制是很难起到作用的。即便双方都签订了合约，并且还拟定了违背合同的惩罚措施，但没有一项执行这一契约的保证，于是，背叛的行为还是会出现，因为他们背叛的收益还是远大于合作得到的收益。

的确，在任何一次博弈中，要制订一项协议和惩罚机制并不难，难的是如何保证这项协议和惩罚机制都有约束力。如果在制订协议后，没有执行协议的约束，那么，这项协议也成了一纸空文，最后，人们还是从自身利益出发，做出违背协议的事。

霍布斯曾说："不带剑的契约不过是一纸空文。"那么，什么样的契约是带剑的呢？于是，法律应运而生了。在人类社会长期的博弈中，可以说，早已形成的法律可以说是对合作协议的有力保证。我们来看下面一个故事：

某年，在某个县级市的一条公路上，有家生活服务公司，这家公司将下设的一个小门市部交给该单位的一个姓林的人管理，这个林先生用单位名义去市某物料公司赊了2万元的东西，谁知道，林先生是个不务正业的人，很快把门市部开倒闭了。公司负责人姓徐，当他开始清点剩余物资时，林先生已经另谋出路了。而市物料公司很快派一位姓李的小姐来讨债。下面是这场舌战的片断：

李："徐经理，这点钱我们公司已派人跑过几趟了，我们也有我们的难处，还是请你想想办法吧！"

徐："实在抱歉，姓林的不但欠了你们的钱，也欠我们自己公司的一大笔钱，如今他们屁股一拍溜之大吉了，你们找我要债，我又去找谁要债呢？"说完两手一摊。

李："我们都是兄弟单位，工作上应相互支持，相互理解。你公司经营失调造成了损失，我们表示同情，但是，亲兄弟，明算账，这钱迟早总得付吧？我们等了两年多了。"

徐：（脸色一沉）"钱是姓林的欠的，不是我徐某人欠的！有人欠你的债，也有人欠我的债，别人不还我的钱，我拿什么来还你的钱？时下信贷紧张，我们也时常是'等米下锅'，你们催得这么紧，这不是雪上加霜，乘人之危吗？"

李："徐经理，你这话就不中听了！货物是姓林的办的，但账是你们公司欠的。我们当初发货认的不是姓林的，而是你们公司的公章。你们也是做生意的，怎么能说这样的话呢？用人不当，经营不善是你们公司自己的事，欠债是你公司与我公司的事。如果亏了本就可以将债务一笔勾销，那你们赚钱时，怎么没与我们分利呢？我们要是乘人之危，早就在法庭上相见了，之所以不这样，不过是想给你们节约一笔诉讼费，做生意么，赚钱赔本总是有的。你说，我们今后还需不需要合作？"

徐："嘿嘿……，李小姐，我只不过和你开几句玩笑，你看你……喝水，先喝水，中午不走了，我们招待行不？"

酒后，徐不但认了这笔账，还设法先偿还了一部分，剩余部分也很快付清了。

这则案例中，我们发现，徐某面对自己公司的账务却试图逃脱，但最终却被周大姐说服，在这段话中，周大姐虽然说了一些感性的话，但真正起到作用的，还是法律的威慑。其实，工作中，我们经常会遇到这样一些赖账的人，我们催讨货款，他们除了避而不见、故意拖延之外，甚至会"要无赖"，不认账。利用各种表面上看似"理直气壮"的借口否定自己的债务事实，这给我们的工作带来很大的困扰，而实际上，只要我们能运用法律的武器，对这类赖账的客户给予警告，一般都能起到作用。

当然，除此之外，法律的制约作用还能运用其他很多博弈方式，当然，我们在使用法律的武器时，还需要注意：

1.对合同和协议严格把关

签订合同是进行交易的关键环节，为此，在签订合同时就应该特别谨慎，只有这样才能从根本上降低对方背叛的风险。

①树立法律意识，科学贯穿合同签署原则；

②切记合同的合法性，平等、协商、权利对等原则；

③对于大宗买卖最好请专门的法律顾问参与合同的签订。

2 打银行的牌

事先可让法律顾问发有效的书面法律条文，让双方知晓违反的惩罚措施。比如，在还款问题上，声称银行对对方催收贷款，并给对方规定出了还贷款期限，如对方没按期限归还银行贷款，银行将处罚对方。如此一来，对方也只好接受。

博弈论小贴士：

法律是契约得以实施的有力保证，但我们在使用法律手段时，要有发法律依据，要合法。非法的行为不仅得不到法律的保护，还会造成一些不必要的损失。

信誉是立世之本

重复博弈告诉我们，单次博弈中，人们不会担心产生信誉危机，但重复博弈过程中，如果人们继续选择对抗，则会产生信誉危机，因此，我们若想赢得长远利益，就要建立自己的信誉。可以说，无论是做生意还是做人，人们最看重的都是信誉。一个为人正直、真诚的人，总是能得到他人的支持。

很多年前，松下电器公司并没有现在的规模，而只是一间乡下的小工厂。那时候，作为工厂的领导者，松下幸之助总是亲自出门推销产品。每次在碰到砍价高手时，他总是真诚地说："我的工厂是家小厂。炎炎夏日，工人们在炽热的铁板上加工制作产品。大家汗流浃背，却依旧努力工作，好不容易才制造出了这些产品，依照正常的利润计算方法，应该是每件××元承购。"

听了这样的话，对方总是开怀大笑，说："很多卖方在讨价还价的时候，总是说出种种不同的理由。但是你说的很不一样，句句都在情理之中。好吧，我就按你开出的价格买下来好了。"

可以说，松下幸之助的成功，就在于他真诚的说话态度、朴素的语言，在他简短、毫不修饰的几句话中，为客户展示了工厂工人工作的艰辛、自己创业的艰难，正因为这几句话，，唤起了对方切肤之感和深切的同情。正是他的真诚，才换来了对方真诚的合作。

然而，现实生活中，我们也不难发现，似乎总是有一些人却不相信这一点，硬要走向另一端，结果既损害了别人，又让自己吃尽苦头，他们认为人际博弈不过就是一场尔虞我诈的游戏，也有一些人认为，与人交往，重在利益，利益达到了，诚信可有可无，他们青睐交际中的欺骗并自鸣得意，殊不知，他们在获得一分利益的时候，也就丧失了一分人格。

为此，我们要吸取教训，信誉第一，才能让你的人生、事业之路走得越来越远。

孔子的弟子曾子有句话："吾日三省吾身。为人谋而不忠乎？与朋友交而不信乎？传不习乎？"作为一个有德行而对社会有责任心的人，在社会交往中诚信是做人的美德。与朋友交往要诚信，一个做事做人均无信的人，是很难在社会上立足的，因为人们均不齿于那些言而无信的人。正如孔子说："言而无信，不知其可也。"

以诚相待是现代社会人际交往中最重要的砝码，大多数矛盾都能用诚信的办法得到解决。只要真诚待人，就可能赢得良好的声誉，获得他人的信任，将可能发生的矛盾化解在无形之中。因此，如果你还在利益与诚信这二者之间徘徊的时候，那么你应该克服言而无信的弱点，摆脱利益的干扰，维持一分长久的友谊。

我们再来看海尔集团总裁张瑞敏是如何为企业建立信誉的：

在2006年11月新颖出炉的中国第一份信誉调查报告——中国企业信誉100强中，海尔成为排名最靠前的中国本地企业，在总榜单的第六位。海尔夺得中国外乡企业信誉榜榜首是人们预料之中的事，海尔在20世纪90年代初就确定了"首先卖信誉，其次卖产品"的理念，恰是从这一理念动身，制定了海尔创世界名牌的战略，成为中国家电行业的巨人。

1985年，张瑞敏当着海尔集团全体员工的面，将76台带有质量问题的电冰箱当众砸毁。就是因为他捕捉到了企业正处在急骤上升时期的致命的质量隐患和危机意识不足的管理信息。正确、及时的信息反馈，带来的"海尔砸冰箱"事件，砸出了海尔员工的危机感和责任感，砸出了一套独特的海尔式产品质量和服务管理理念，保护广大用户利益，"真诚到永远"，使海尔集团由一个小企业青岛日用电器厂成长为今天的跨国集团公司。

实际上，并不只是海尔集团通过"卖信誉"而赢得公众的信任，很多世界500强也正是坚持这一信念，才走上成功之路，这些500强的跨国公司，很多是"百年企业"，这些企业之所以长盛不衰。也是因为在长时间的运营进程中构成的良好信誉。

当然，生活中的诱惑太多，我们若想建立信誉，就要做到：

首先，无论做人做事，我们都要问问自己的良知，以道德至上为原则。

马丁·路德在他被判死刑时，对他的敌人说："去做任何违背良知的事，既谈不上安全稳妥，也谈不上谨慎明智。我坚持自己的立场；上帝会帮助我，我不能做其他的选择。"

另外，名誉感能约束我们的行为。伟大的弗兰克·劳埃德·赖特曾在美国建筑学院发表演说时说："什么是人的名誉呢？这就是要做一个正直的人。"弗兰克·劳埃特·赖特恰恰如此，他不愧为一个忠实于自己做人标准的人。

博弈论小贴士：

利益面前，我们必须要克服自身存在的一些劣根性和弱点，不要企图在交际中欺骗他人，更不要耍小聪明，因为诚信是一种品牌！

第8章
过去的经验未必可靠：酒吧博弈

酒吧博弈反映的是一个动态博弈的问题，和酒吧博弈相同的是，在群体博弈的过程中，由于信息是互不相通的。人们无法了解其他参与者的心理及选择，因此，人们只能根据以往的经验来预测未来，这样，未来得到的就是一个不确定的值。也就是说，过去的经验未必可靠。当然，很多时候，人们也别无他法。

去还是不去：酒吧博弈

博弈论中，有个著名的酒吧博弈，它是在1994年由美国人阿瑟教授提出来的，阿瑟是美国斯坦福大学的经济学教授，酒吧问题是这样的：

假如在一个小镇上，有这样一个酒吧，它每天能容纳的人数是60人，当然，如果人们愿意挤一挤的话，可以容下更多的人，但很明显，这样会让以休闲为目的的人们变得不舒服。而在这个小镇上，有100人，一到周末，人们的娱乐方式不是宅在家里，就是去酒吧消遣、对他们来说，只有酒吧人数小于或者恰好等于60人的时候，他们相处起来才最和谐，才能享受到最好的服务。

第一次，人们没有对去酒吧的人数作出估算，大部分人都去了酒吧，导致的问题是酒吧人数爆满，他们没有享受到应有的乐趣而抱怨还不如不去。

第二次，在吸收了前一次的教训以后，很多人宁愿宅在家里，也不去酒吧娱乐，而事后，他们打听得知，这次去酒吧的人很少，于是，他们又后悔了：这次该去的呀。

到底是去还是不去酒吧，这对于小镇上的来说是个苦恼的问题，也是著名的酒吧问题。

酒吧问题是个典型的动态博弈的问题，这里，我们对所研究的问题进行条件限制：在这100个参与者中，他们之间是不会进行信息交流的，也就是说，去不去酒吧，他们不会商量。接下来，他们就会面临这样一个问题：100个人中，如果多数人预测去酒吧的人超过60，那么，他们势必会反其道而行之，最终选择不去酒吧；反过来，如果他们预测去酒吧的人少于60因而去了酒吧，那么，去的人就会很多。

很明显，从这个问题中，我们可以发现，一个人要对某个问题进行正确的评估和预测，就要首先了解其他参与者的选择。

在这种情况下，做出正确预测的人就应该是能够通晓其他人的心理。但是，在这个问题中，每个人在面临预测时所能够获得的信息来源又都是一样的，即过去的历史，同时每一个人也无法知晓别人是怎样做出预测的。或者，我们也可以说，所谓的正确预测几乎是不可能存在的。

后来，阿瑟教授通过计算机模拟和对实际人群的考察得到了两个不同的结果。计算机的结果是：开始，去酒吧的人数是没有固定规律的，但是后来，去酒吧的人数很快稳定在60左右，尽管每个人不是固定的去或者不去，但自发地形成了一个稳定的生态系统。可是对实际人群的观察却并非如此，而是呈有规律的波浪形态，却难以稳定。至于原因，大致是因为计算机模拟的都是理性的人，而现实生活中总有少数不是很理性的人。传统经济学认为：经济主体或行动者的行动是建立在演绎推理的基础上，而实际上，多数人的行动是基于归纳的基础上的。

生活中有很多例子与这个模型的道理是相通的。"股票买卖"、"交通拥挤"以及"足球博彩"等问题都是这个模型的延伸。对这一类问题一般称之为"少数人博弈"。

例如，在股票市场上，每个股民都在猜测其他股民的行为而努力与大多数股民不同。如果多数股民处于卖股票的位置，而你处于买的位置，股票价格低，你就是赢家；而当你处于少数的卖股票的位置，多数人想买股票，那么你持有的股票价格将上涨，你将获利。

在实际生活中，股民采取什么样的策略是多种多样的，他们完全根据以往的经验归纳得出自己的策略。在这种情况下，股市博弈也可以用"少数人博弈"来解释。

"少数人博弈"中还有一个特殊的结论，即：记忆长度长的人未必一定具有优势。因为，如果确实有这样的方法的话，在股票市场上，人们利用计算机存储的大量的股票的历史数据就肯定能够赚到钱了。而这样一来，人们将争抢着去购买存储量大、速度快的计算机了，在实际中人们还没有发现这是一个炒股必赢的方法。

"少数人博弈"还可以应用于城市交通。现代城市越来越大，道路越来越多、越来越宽，但交通却越来越拥挤。在这种情况下，司机选择行车路线就变成了一个复杂的少数人博弈问题。

总之，酒吧问题反映了一定的社会现象，人们在参与很多行动前，都要猜度其他参与者的心理和选择，但事实上，他们却没有足够的关于其他参与者的信息，因此，他们参考的资料也只能是过去的经验，他们通过分析过去来预测未来，这种方法没有错，但未来是无法预测的，因此，过去的经验也未必全部可信。

博弈论小贴士：

生活中的博弈中，人们习惯于通过过去的经验来预测未来，这没有什么过错，因为人们在酒吧博弈这一模型里，我们发现，当进入酒吧的人数没有达到它容纳的极限时，人们是不会感受到不舒服的，当然，他们也不知道容纳人数的极限是多少，这个极限也只有他们感到不舒适时才能感受到。

过犹不及，把握事情的临界点

在酒吧博弈这一模型里，当酒吧的人数没有达到它所容纳的极限时，人们是不会感受到不舒服的，当然，他们也不知道容纳人数的极限是多少，这个极限也只有在他们感到不舒适时才能感受到。

中国人常说："凡事有度"、"水满则溢"，任何事物的质变都是从量变开始的，在一定的范围内，我们是不会感受到事情的明显变化。然而，现代社会中的人们即使懂得这个道理，却不懂得把握事情的临界点，人们在享受现代物质文明的同时，却忽视了应控制自己的行为，最终也给人类自身带来了危害，比如，木材被广泛用于建筑、家居、造纸等行业，但森林的过度砍伐却引发了水土流失和山洪暴发等生态问题；野生动物的被肆意滥杀导致了生态的失衡；还有地底资源的滥用，导致了地壳的变化等。我们再来看下面一个故事：

在一个偏僻的小村子里，人们过着无忧无虑的生活，人们自给自足。但村子里只有一个池塘，这既是他们取水饮用的地方，也是洗涮的地方，每天，大人们从这里挑水回家，妇女们在池塘边洗衣洗菜，一到夏天，孩子们就在池塘里嬉戏、玩耍。

后来，在池塘的一个拐角处，长了一些水藻，人们也没在意，后来，有个村民的亲戚来做客，他无意中将一些污水倒入了池塘中。而他更不知道的是，这些污水里含有助长水藻的成分，使得这些原本不起眼的水藻疯长起来。一个月以后，水藻已经长满了池塘。就在前28天，人们根本没有在意到池塘跟平时有什么不同，直到第29天，人们才看到那些已经长满大半个池塘的水藻，他们也开始担忧，但已经无能为力了，只能另寻出路。

我们的生活中，有太多这样的教训：当在问题被注意到的时候，往往已经太晚了。刚开始的时候，池塘里只有一处水藻，但却因为被倒入污水而疯长起来，此时，如果人们细心一点，就能将那些水藻清除掉，可惜等到他们意识到这个问题的时候已为时太晚。这个故事告诉我们，一个小小的诱因在各种内外因素的参与下，有时会产生极其重大复杂的后果。这也告诉我们一条真理：何时都要防微杜渐。

同样，与博弈论结合起来，我们还应明白的是，做任何事情，都应把握分寸，不可过度。比如，无论是电梯、桥梁或汽车，都有一定的承载量，超过了一定的重量，就会出现安全隐患。老子也曾向我们诠释，万物有度，超过了一定的度，即使被认为的好行为、好习惯，也会引发反方向的效果。

再比如，我们常说，做人做事都要认真，要有追求完美的心态，然而，不得不承认的是，我们做任何一件事，都不可能做到面面俱到，如果你太过追求完美，那么，你一定会精疲力竭。莎士比亚也曾说："一个人思虑太多，就会失去做人的乐趣。"其实，时间在一分一秒不停地过，而一切都不是静止不变的，生活也在改变，就算你在这方面把事情做得很好，但没有多久事情有变化的趋势，再从另一个角度来看，或许就不是那么完美了。俗话说："计划赶不上变化。"无论你想把事情做得多么完美，那都是不可能的。你只有注重事情的细节，认真地尽心地把事情做得更好，而不应该苛求完美。

曾有这样一个故事：

在一家公司内，有这样一名女员工，从上学开始，她都是个追求完美的人，在新公司的她更是如此。无论上司交给她什么任务，她都努力做好。

有一天，她的女上司说："这份资料是急着用的，你把它分成两份，各打200份。"

于是，她开始了自己的工作，而在打印中，她发现，居然有很多错别字，于是，她耐心地把这些错别字改正了，她原以为上司会夸奖她，但事实上，她却因为没按时把资料交上而挨了上司的骂，而最重要的是，那些在她看来是问题的错别字，却是公司的一些专业术语，改过后的正确的字自然也改变公司的原本意思，为此，她闹了不少的笑话……

看完这个故事，你想到了什么呢？为什么这个女员工会闹出这样的笑话？因为她太苛求细节了，重视细节固然是好事，是一个人是否负责任的表现，但苛求细节有时却是好心办坏事。而且，在你看来的完美在别人眼里却不一定很完美，因为无论是任何的或是一切的事物都是相对立的……

博弈论小贴士：

在我们生活的世界里，任何事物，都有他的临界点，如果能找出它的临界点，就能最大限度地控制事情出现不良后果。

成功需要一定的过程

博弈论告诉我们，任何事，我们若想掌握它的动态，就要把握事情的临界点，凡事不可过度。将其运用到做事过程中，我们也可以得出一点。追求成功不能急于求成，而是需要我们的耐心，因为任何一个目标的达成都需要一个过程。

人们常说："心急吃不了热豆腐"，指做事不要急于求成，喻踏实做事，水到渠成。的确，对生活过于焦虑的人，生活越是不会积极回馈他；太才成功者，只会与成功与无缘；太想赢的人，最后往往很难赢。太想到达目标的人，往往不容易到达目标，过于焦虑就是自找烦恼，欲速则不达，事情的成败与否往往不是以我们的意志为转移的，欲速则往往不达，凡事不可急于求成。相反，淡然处之，并持之以恒，那么，成功的机率却会大大增加。

一位少年，他一心想早日成名，于是拜一位剑术高人为师。他迫不及待地问师傅多久才能学成，师傅答曰："十年。"少年又问如果他全力以赴，夜以继日要多久。师傅回答："那就要三十年。"少年还不死心，问如果拼死修炼要多久，师傅回答："七十年。"

这里，少年学成并非真的要七十年，师傅之所以如此回答，是因为他看到了少年的心态，少年可谓是不惜一切想尽快成功，但没有平和的心态，势必会以失败告终。渴望成功、努力追求都没有错，但渴望一夜成名的心态反而会使人欲速则不达。

我们也都听过《揠苗助长》的故事：

从前，宋国有个农民，他做事总是追求速度。因此，对于田间的秧苗，他总觉得长得太慢，于是，他闲来无事时，就会到田间转悠，然后看看秧苗长高了没有，但似乎秧苗的长势总是令他失望。用什么办法可以让苗长得快一些呢？他思索半天，终于找到一个他自认为很好的办法——我把苗往高处拔拔，秧苗不就一下子长高了一大截吗？说干就干，他就动手把秧苗一棵一棵拔高。他从中午一直干到太阳落山，才拖着发麻的双腿往家走。一进家门，他一边捶腰，一边嚷嚷："哎哟，今天可把我给累坏了！"

他儿子忙问："爹，您今天干什么重活儿了，累成这样？"

农民洋洋自得地说："我帮田里的每棵秧苗都长高了一大截！"他儿子觉得很奇怪，拔腿就往田里跑。到田边一看，糟了！早拔的秧苗已经干枯，后拔的也叶儿发蔫，耷拉下来了。

揠苗助长，愚蠢之极！每一棵植物的成长都是需要一个过程的，需要我们每天辛勤地浇灌、耕耘等，才能获得成果。每一个生命的成长也如此，千万不要违背规律，急于求成，否则就是欲速则不达。

其实，不光是这个少年和农民，在现实生活中，这些急功近利者也不鲜见，他们凡事追求速度，以至于他们经常在做一件事时还没开始就结束了。急于求成，心态浮躁，往往不会注意做事的品质而常把最简单、最普通的事做砸，何况富有挑战性的大事呢？事实上，任何一种本领的获得、一个人生目标的达成都不是一蹴而就的，而是需要一个艰苦历练与奋斗的过程，正所谓"宝剑锋从磨砺出，梅花香自苦寒来"，我们做任何事都应该本着踏实的原则，一步一个脚印，才能走向成功，因此，任何急功近利的做法都是愚蠢的，急于求成的结果，只能适得其反，结果只能功亏一篑，落得一个拔苗助长的笑话。

强扭的瓜不甜，强求的事难成，循序渐进地做事，却往往会水到渠成。因为人们的主观愿望与实际生活总是有差距的。我们千万不可把自己的主观意愿强加于客观的现实中，我们应该学会随时调整主观与客观之间的差距。凡事顺其自然，确实至为重要。有些事情就是奇怪，你越努力渴求的，它越反而迟迟不来，让你等得心急火燎、焦头烂额。终于，你等得不耐烦了，它却犹如从天而降，给你个惊喜满怀。

孔子曰："无欲速，无见小利。欲速，则不达，见小利，则大事不成。"孔子的这一番话是充满博弈智慧的，的确，人生路上，无论何事，最忌急于求成，凡事只有经过深思熟虑再行动，才有更多成功的机会，不按照事物的发展规律办事，那么，只能是白费徒劳，而如果我们在生活中学会按客观规律办事，就会获得事半功倍的效果。

博弈论小贴士：

真正成大事者，都遵循自然的规律，遇事临危不乱、镇定自若，他们都有一分定力，这是一种有长远眼光的表现，只有凡事不急于求成，才能真正有所成就。

过去的经验不一定可靠

酒吧博弈中，每个人都无法知道其他参与者的信息，他们只好根据过去的经验来预测未来，然而，最终的结果是，我们发现，单凭过去的经验决定周末去不去酒吧，往往并不可靠。其实，生活中，我们在决策时，何尝不是如此呢？太过相信经验，我们只会限制自己的思维，甚至判断失误。

英国学者贝尔纳曾说："构成我们学习最大障碍的是已知的东西，而不是未知的东西。"从这句话中，我们就能看出固有的经验、知识还有所谓的资历对人们求知的限制作用。不难发现，日常生活中，人们都会敬重那些经验丰富和资历老者，因为他们代表着权威，他们能为我们当下的困难给出具体的指导意见，然而，在积累经验的过程中，他们也会形成一些僵化、固定的思维。因为经验告诉他们："这样实行成功的概率没有百分百，那么，就不要浪费精力了。"于是，他们最终放弃了自己的想法，而那些敢于坚信自己判断力的"初生牛犊"则成了第一个吃螃蟹的人。我们先来看下面一个故事：

在美国加州，有一家老牌饭店——柯特大饭店。

曾经，这家饭店的老板准备筹建一个新式电梯，他重金聘来世界各地的著名建筑师和工程师，他希望他们能一起解决这个建筑问题。

不得不承认的是，这些建筑师和工程师们的经验是丰富的，他们根据自己的经验提出，要改造电梯，饭店就必须停止营运，而这一点，是在让老板很苦恼，这意味着饭店将要遭受经济上的损失。

他问："难道就真的没有别的方法了吗？"

"是的，我们一致认为，再也没有比这更好的方法了，饭店要停止营运半年，对于经济上的损失，我们也很难过……"建筑师和工程师们坚持说。

就在老板为此头疼的时候，饭店的一个年轻的清洁工说出了一段惊人的话："难道非要把电梯安在大楼里吗，外面不可以？"

"多么好的方法啊！我们怎么没有想到呢？"工程师和建筑师听了，顿时诧异得说不出话来。

很快，这家饭店采用了年轻人的计策——屋外装设了一部新电梯，而这就是建筑史上的第一部观光电梯。

这位年轻的清洁工为什么能提出与众不同却又巧妙绝伦的解决难题的方法？因为他能跳出专家们的固定思维。的确，在建筑师工程师们看来，电梯就应该安装在房间内部，却想不到电梯也可以安装在室外。

事实上，生活中，很多人在解决问题的时候，都听从了内心所谓的"经验"的摆布。问题不在于他们的技术高低、学识多寡，而在于他们突破不了固有的思维方式。工程师和建筑师被专业常识束缚住了，而清洁工的脑子里没有那么多条条框框，思路很开阔，所以才会想出令专家们大跌眼镜的妙招。

曾有人这样说："你只要离开常走的大道，潜入森林，你就肯定会发现前所未有的东西。"要想摆脱传统观念和习惯思维的局限，就要鼓励自我打破思维禁锢，突破常规的路线，激活创新的意识。的确，现代社会，我们都强调要创新，任何重大成果的发现，都离不开创新意识的发挥。任何一个人都应该摒除生搬硬套和墨守成规这两点，学会突破，你才能有所收获。

具体来说，你需要做到：

1. 多思考，敢于提出质疑

思考是提出质疑、发现新问题的前提，也是帮助我们找到真理的唯一途径。许多非常成功的人，都是善于思考的。牛顿通过对苹果落地现象的质疑产生了关于重力的思想。爱因斯坦通过对太阳的质疑产生了关于相对论的思想。爱迪生因为最爱向老师问"为什么"而成为伟大的发明家。要知道，一个不善思考的人又怎么能否定固有经验和思维从而有所突破呢？

2. 大胆地说出自己的想法

你要敢于说出自己的想法，遇到问题要敢于打破常规，发挥自己的想象力，凡事没有标准答案，敢于提出不同的答案和见解，久而久之，你就能培养出不被经验束缚的判断习惯了。

3. 不要让理论知识束缚手脚，否定自己的能力

比如，在面对一项工作时，一个人如果对有关知识了解不深，他会说："做做看。"然后着手埋头苦干，拼命地下功夫，结果往往能完成相当困难的工作。但是有知识的人，常会一开头就说："这是困难的，看起来无法做。"这实在是划地自限，且不能自拔。

博弈论小贴士：

经验、资历在具备让我们少走很多弯路的这一积极影响的同时，还具有一定的负面作用，那就是影响我们的判断，如果我们想破除经验、资历给我们的思维带来的负面作用，我们就要做到敢于自我否定，摒除观念思维、经验主义等主观定式，不要给自己上思维枷锁。

敢于做人群中与众不同的那个人

通过酒吧博弈的研究，我们得出一个启示：如果你处于一个无法了解的环境下，那么，采取少数派策略更为保险。我们不妨先来打个比方：

某天晚上，因为要为朋友过生日，你和其他朋友一样也来参加他的聚会，房间里有很多人，你们中间有些人唱歌，有些人喝酒，有些人聊天，玩得十分开心。但就在这时，房间内突然着火了，火势来得很快，一时无法扑灭，此时，你们必须要从房间内逃出去，否则只能葬身火场。现在的情况是，房间内只有两扇可以通往外面的门，你的选择必是其中之一。但问题是，其他人也只有这两个选择，如果你跟随大部分人的步伐，选择人流量多的门，也许你会因为太过拥挤而无法冲出去，甚至还会出现踩踏的情况。相反，在看清形势的情况下，如果你选择较少人流量的门，你会轻易逃生。

当然，在彼此都不知道他人选择的情况下，每个人的判断和选择也都会影响所有人，但无论你如何选择，到最后成功逃生的都是少数人。其实，这种现象不

仅出现在火场逃生中，生活中处处显现，成功的人也只有少数。人们常说："没有人能随随便便成功"，这句话是说，成功需要很多因素。而我们又发现，任何一个成功的人，他之所以成功的原因并不是都来自于他本人自身的勤奋，而是因为他们善于找到一条属于自己的成功路，他们拥有与众不同的思想；而那些失败的人，也并非全是因为他不够努力，而是因为他人云亦云，总是在走别人的老路。

生活中渴望成功的人们，如果你还揣着成功梦，那你就必须要有自己的想法。做个有个性的人，不走寻常路，你才能拥有不同寻常的成功。

奥托·瓦拉赫是诺贝尔化学奖获得者，他的成才历程极富传奇色彩。

瓦拉赫在开始读中学时，父母为他选择的是一条文学之路，不料一个学期下来，老师为他写下了这样的评语："瓦拉赫很用功，但过分拘泥，这样的人即使有着完美的品德，也绝不可能在文学上发挥出来。"

此时，父母只好尊重儿子的意见，让他改学油画。可瓦拉赫既不善于构图，又不会润色，对艺术的理解力也不强，成绩在班上是倒数第一，学校的评语更是令人难以接受："你是绘画艺术方面的不可造就之才。"

面对如此"笨拙"的学生，绝大部分老师认为他已成才无望，只有化学老师认为他做事一丝不苟，具备做好化学实验应有的品格，建议他试学化学。

父母接受了化学老师的建议。这不，瓦拉赫智慧的火花一下被点着了。文学艺术的"不可造就之才"一下子变成了公认的化学方面的"前程远大的高材生"。在同类学生中，他遥遥领先……

可见，成功是多元的，并没有贵贱之分，适合自己的、自己擅长的就是最好的，也便是成功的。

日常生活中，可能我们都有这样的感触：对于那些已经经过前人证实的观点或者众人都认同的思想，我们通常会本能地接受、省略思考的过程。而事实上，如果一个人总是有从众心理的话，那么，他最终会变得随波逐流、毫无创新意识和创新能力，进而一事无成。

然而，幸运之神就是垂青于那些忠于自己个性长处的人。松下幸之助曾说，人生成功的诀窍在于经营自己的个性长处，经营长处能使自己的人生增值，否则，必将使自己的人生贬值。他还说，一个卖牛奶卖得非常火爆的人就是成功，你没有资格看不起他，除非你能证明你卖得比他更好。

总之，少数人才能获得成功，而他们往往会在条件尚未成熟时就找准了目标，然后向着目标出发了，他们会创造成功的条件，而不是向大多数人云亦云的人一样，等到周围的人已经走得很远了，才开始考虑要不要一起行动。

博弈论小贴士：

人不能改变环境，但却可以改变自己。成功只青睐于那些敢想敢做、有独立思维能力和创造力的人，只要你换一种思路去对待人生，那么你的世界将无限畅达。

另辟蹊径，才有可能绝处逢生

酒吧博弈告诉我们，要敢于与众不同，也就是我们说的少数派策略：如果我们把眼光放到大家都争夺的事物上，那么，大家就面临谁也可能得不到的情况，唯有另辟蹊径，着眼于大多数人忽视的冷门上，才有可能绝处逢生，甚至能获得比多数人更多的收益。

英国人霍布代尔是一所中学的一位勤勤恳恳的清洁工，已经在那所学校工作多年。一次偶然的机会，学校新来的校长发现霍布代尔是个文盲，这位校长不能容忍自己的学校中有一个文盲，于是，将他解雇了。霍布代尔痛苦万分，因为，对于他这样一个文盲，到哪儿去工作都将面临困难。痛苦中的霍布代尔并没有自暴自弃，他开始思考这样一个问题：我真的一无是处了吗？突然，他高兴起来了。原来他想到了他的手艺——做腊肠。霍布代尔做的腊肠曾深受学校师生的欢迎。基于此，霍布代尔产生了做腊肠生意的念头。他做得很好，几年后，在英国有人不知道莎士比亚，不知道劳斯莱斯，但没有人不知道霍布代尔的腊肠。

在我们身边，有很多和故事中的霍布代尔一样的人，他们没有高学历、没有雄厚的资金，他们被别人看不起，但他们懂得运用少数派策略，于是，他们努力寻找自身的长处，然后将之充分发挥出来，最终，他们也获得了别人不曾预料到的成功。

事实上，我们不难发现，人们似乎已经习惯了争夺同一个目标，有时候，为了所谓的成功，人们斗得头破血流，而如果我们能制订少数人策略，选择别人不关注的路，那么，你就有可能走出自己的辉煌。生活中的人们，如果你也渴望成功、获得财富，那么，在日常生活中，你也要培养自己多角度看问题的能力，在规划自己的人生道路上，绝不能人云亦云。

接下来，我们来看看家喻户晓的奢侈品品牌香奈儿是如何被创立和发展的：

法国女子嘉布瑞拉·香奈尔创立的香奈尔服饰风靡于20世纪20至30年代，至今香奈尔品牌仍是世界著名的品牌之一。她是服装史上一位非凡的女性，她一生中曾在两个时期准确无误地预见和把握时装潮流的趋向，两度对全世界女性的服装进行了全面革新，创造了服装史上的奇迹，成为"世界上50位最伟大的服装设计师"之一。在服装史上，如果说波烈品牌改变了妇女的装束，那么，香奈尔品牌则真正引领了20世纪时装的变革。

香奈尔生于一对贫穷夫妇家中，父亲是小贩，母亲是牧家女。母亲在生下第五个孩子的第二年就去世了。那一年香奈尔才12岁。父亲把孩子们留给别人照料，只身到了美国闯荡。在随后的日子里，香奈尔受尽了屈辱。痛苦的经历使香奈尔产生了摆脱贫贱的强烈渴望。她性格刚毅，卓尔不群，什么都敢试一试。香奈尔的"胆大妄为"，让她成了服饰潮流的领跑者。

香奈尔有着倔强的不安定的天性和爆炸性的创造力。据传，她在一次操作加热炉时，炉子突然爆炸而烧去了她几绺长发，她索性拿起剪刀把长发剪成了超短发型。在她走进芭蕾舞剧院之后的第二天，巴黎的贵妇们纷纷找理发师给她们剪"香奈尔型"发型。这种创新力，是她事业的灵魂。

香奈尔作为历史上一位最伟大与最具影响力的高级时装设计师，总是走在时装界的前列。在过去的100年中，无论是在时装设计上，还是在对人生的态度上，她都是女性追求的先导和典范。因为香奈尔能把握住时代的脉搏。诚如她所言："某一个世界即将消失的同时，另一个世界也正在诞生，我就在那个新的世界。机会已经来临了，而我也掌握住了，我和这个新世纪同时诞生。"她自豪地说："我是第一个生活在这个世纪里的人。"战后的巴黎，不再犹豫，服装简洁了，裙子短了，发式短了，香奈儿的运动衫、项链、色彩，恰是20世纪20年代的典型风范。

的确，正是香奈儿的"胆大妄为"和创新能力，让她成了服饰潮流的领跑者。"某一个世界即将消失的同时，另一个世界也正在诞生，我就在那个新的世界。机会已经来临了，而我也掌握住了，我和这个新世纪同时诞生。"假想一下，如果身处不幸童年中的她如果"安分守己"、不为改变命运而寻找出路、和其他女孩一样的话，估计她也无法创造出现今的香奈尔品牌！

那么，很多人也处于贫贱之中，为什么没能做出什么成就？因为他们总是在走别人的老路！在现实生活中，善于思考问题、善于改变思路的人总能给自己赢得机遇，在成功无望的时候创造出柳暗花明的奇迹。

博弈论小贴示：

我们每个人都渴望成功，但成功者往往是少数。这些少数人，走的是一条与众不同的路，他们的思维不受各种条件的限制，他们敢想敢做，在规划后，一鼓作气取得胜利。

第9章

如何实现双赢：猎鹿博弈

猎鹿博弈告诉我们，利己利人的双赢局面是存在的，并且，在合作时的收益是最大的，然而，合作也并非易事，假如双方的实力悬殊太大，那么，实力强大的一方就会牵制对方，而弱者也更容易向对方妥协，这样，最终双方也会因为利益的分配差距太大而选择不合作。

何谓猎鹿博弈

猎鹿博弈又称猎鹿模型、猎人的帕累托效率，是博弈论中的一个模型，它源自启蒙思想家卢梭的著作《论人类不平等的起源和基础》中的一个故事。

远古时代，人们以狩猎为生。在某个小村庄内，有两个猎人，此时，我们来假设有两种猎物：鹿和兔子。如果一个猎人单独狩猎，那么，他一天最多只能打到4只兔子。捕猎一只鹿必须要两人齐心合力。从填饱肚子的角度来说，4只兔子能供应一个人四天，而一只鹿却能让两个人十天都能吃上肉。于是，就出现了这样的博弈局面：分别打兔子，每人得4；合作，每人得10。这样猎鹿博弈有两个纳什均衡点，那就是：要么分别打兔子，每人吃饱4天；要么合作，每人吃饱10天。

聪明人都能看出，在这场狩猎活动中，两个人合作猎鹿的好处比各自打兔子的好处要大得多，这是符合经济学术语中的帕累托最优原则的，帕累托最优，也称为帕累托效率，是指资源分配的一种理想状态，假定固有的一群人和可分配的资源，从一种分配状态到另一种状态的变化中，在没有使任何人境况变坏的前提下，使得至少一个人变得更好。帕累托最优状态就是不可能再有更多的帕累托改进的余地；换句话说，帕累托改进是达到帕累托最优的路径和方法。

从帕累托最优原则中，我们也可以发现一点，两个猎人合作是要求他们的能力和贡献相等的。所以，这就决定在选择合作方的时候要慎重，如果对方比你的实力雄厚，那么，虽然你能借助对方的力量获得成功，但对方势必会提出各种苛刻的条件来牵制你；而假若你是实力强的一方，那就意味着自己会占据强势的地位，但又不得不帮助弱者，因而得到的利益就不能实现最大化。

"合则双赢"的道理大家都懂，在实际中很难合作的原因就在于此。因此，很多人在经过考虑之后，都会选择与自己实力相当的合作者，因为这样一来既省去很多麻烦，也不会因为利益的问题而翻脸。

目前在世界上比比皆是的企业强强联合就很接近于猎鹿博弈的帕累托改善，跨国汽车公司的联合、日本两大银行的联合等均属此列，这种强强联合造成的结果是资金雄厚、生产技术先进、在世界上占有的竞争地位更优越，发挥的影响更显赫。总之，他们将蛋糕做得更大，双方的效益也就越高。

所以，任何情况下，我们要实现与他人的合作，就必须要考虑到合作者的利益，使他的收益大于不合作时的收益，他才会选择合作，进而实现双赢的最佳结局。

可能很多人都羡慕犹太人的经商智慧，羡慕他们有着聪明的大脑，然而，他们之所以如此成功，就是因为他们一直奉行"一笔生意，两头赢利"的经商原则。也就是说，做生意不能只考虑自己的利益，还要顾全合作方的利益，两者兼顾，才是真正的生意之道。任何人想要取得一定的发展和成功，就要明白合作远比竞争重要。但是，合作并非是儿戏，也不是合则来不合则散这样简单。

棋逢对手的时候，人们总是想要一决高下，很少人会考虑到有皆大欢喜的双赢局面的出现。所谓双赢，就是指博弈的双方的期望值都能得到最大的满足，以买东西为例，双方都能在自己接受的最低价格内买到理想的商品，而卖方也可以以合理价格卖出产品。可以说，双赢既能保留了双方输赢的结果，又保存了双方的颜面，任何一方也不会产生心理的不平衡感。可以说是利人利己，是博弈的最佳结局。

总之，在现实生活中，双赢也不是一件容易的事情。而学会站在对方的角度、考虑对方的利益是实现双赢必要的一个因素。合作的双方一定要最大限度地保障双方的利益，假如合作后一方所得还不如非合作所得，那么，合作就很难达成。

博弈论小贴士：

双赢才是最佳的合作结果，很多时候，我们的对手也能转化为合作者，这就如矛盾的双方可以转化一样。但合作的目的是为了双赢，如果没有双赢局面的出现，那么，帕累托最优也将很难实现。

有合作，才有双赢

我们都知道，21世纪是一个合作的时代，合作已成为人类生存的手段。因为科学知识向纵深方向发展，社会分工越来越精细，人们不可能再成为百科全书式的人物。每个人都要借助他人的智慧完成自己人生的超越，于是这个世界充满了竞争与挑战，也同样充满了合作与快乐。但无论如何，要实现双赢，就要学会与人合作。这也是猎鹿博弈告诉我们的。

然而，现实生活中，在双方有共同的利益的时候，人们也往往会优先选择竞争，而不是选择对双方都有利的"合作"。

一只河蚌正张开壳晒太阳，不料，飞来了一只鹬鸟，伸嘴去啄它的肉，河蚌急忙合起两张壳，紧紧地钳住鹬鸟的嘴巴。鹬鸟说："今天不下雨，明天不下雨，就会有死蚌肉。"河蚌说："今天不放你，明天不放你，就会有死鹬鸟。"两个谁也不肯松口。这时，一个渔夫走过来看见了这种情景，便走过来，不费吹灰之力就把它们一起捉走了。

虽然这只是一个寓言，但是因为鹬蚌相争而被别人得利的事情，代不乏人。它形象地说明了人们的竞争意识有多么强烈，即使与对手同归于尽，也不想给对方让步。

其实，我们身边也经常发生这样的事：同事之间为了一点利益问题产生纠葛，甚至互相诋毁，或者因言语失误而发生口角，更有一些人，对于自己不喜欢的人，他们甚至连话都不愿意说……事实上，我们都知道，合作在当今社会的重要性，任何人，工作能力再强，表现再突出，他也不可能独揽所有事物，他都需要在他人的配合下才能完成工作。因此，为了实现共赢的局面，我们都有必要放下成见，学会合作。

另外，可能我们也有所发现，在气氛不安的环境下，我们也无法拥有工作热情，从这一点出发，我们也有必要与同事搞好关系。

那么，具体来说，我们该如何与他人合作呢？

1. 信任你的伙伴

既然选择合作，我们就要相信自己的伙伴，相信他们能够与你协调一致，相信他们会理解你，支持你。如果彼此相互猜忌、互不信任，那么分工就不可能，因为总有一些任务依赖于别的任务；同时猜忌的气氛让每一个人都不能全心投入到工作中去，也不利于工作能力的发挥。

2. 要努力形成自己的优势

博弈论还告诉我们，人们更愿意选择与自己实力相当者合作。因此，我们只有为自己充电，形成自己的优势，才能选择更优秀的合作者。另外，只有具备自己的优势，才能与合作者形成优势的互补，那么，你们所形成的团队的竞争力也就越强，成功的希望也越大。

3. 学会有效的沟通

心理学家还认为，沟通的缺乏也是人们选择竞争的一个重要原因。如果双方曾经就利益分配问题进行商量，达成共识，合作的可能性就会大大增加。沟通是传达、是倾听、是协调，也是一个团队和谐有序的润滑剂。认真对待你身边的每一个人，尤其是团队中的成员，会帮你赢得团队的信任，让生活充满热情，让工作更有效率。

总之，社会总是会有竞争，人与人之间也总是利益的不平衡，关键在于我们抱什么样的态度。只要抱着"我好，你好"的双赢态度，按照这个原则去处理人际关系，你将会获得最理想的结果。要做到这一点，就需要你从大局考虑，放眼长远，因此，在利益问题上，也要做出让步并考虑让步的幅度和尺度是否有利于长远利益的实现。如果我们只顾眼前利益，就有可能失去更多宝贵的结交机会。

当然，我们在做出让步的时候，一定要考虑到这一步能否带来效用，值不值得，是否能够得到回报。因为只有实现了共赢，才有可能建立起长期的关系。

博弈论小贴士：

任何地方，只要存在竞争，谁都不可能孤军奋战，除非他想自寻死路，聪明的人会与他人包括竞争对手形成合作关系，假借他人之力使自己存在下去或强大起来。

大家好才是真的好

现代社会，各行各业竞争日益激烈，有些人甚至可以为了自己的目标而不择手段、违反竞争规则，然而，在多次的人际交往和博弈后，人们还是发现，公平合作远比相互欺诈获得的利益更大，博弈讲究的是合作双赢，如果一方违反了博弈规则，博弈结果就不是双赢，而是一人获益、一人失利。事实上，胜利与失败并不是社交活动最好的结果，最好的结果是双赢，正如一句广告词一样："大家好才是真的好！"

的确，在追求成功的路上，为了达成目的，我们有时候不得不借助一些外部力量，尽管我们并不喜欢这些人，但我们也要与之共事。其实，这就是日常生活中人们所说的"共赢"，所谓双赢，应用到商场，指的就是采取对双方都有利的交际措施，得到他们应该得到和最想得到的东西。举个很简单的例子，大家一起排队坐公交车，如果都争相上车，谁也不让谁，最终结果只能是所有人都堵在车门口；而如果所有人都遵守前后秩序，一个个排队上车，这样，不仅所有人都能坐上车，还为大家节省了时间。

其实，对于任何参与人际竞争的人来说都是这个道理，说与同事或者工作伙伴相处，你会发现，那么在性格、爱好乃至价值观、人生观、处理问题的方式都会存在差异，每个人只有学会求同存异和让步，才能求得一个大家都能满意的结果。

石油大王洛克菲勒曾有过这样一个创业故事：

那时正值他创业之初，因为资金问题，他的合伙人克拉克想到了一个解决问题的办法——拉当地的一个富人，也就是克拉克曾经的同事入伙，这位合伙人叫加德纳。有了加德纳的入伙，资金问题解决了，然而，让洛克菲勒感到吃惊的是，这位加德纳先生在为自己带来资金的同时，也为自己带来了屈辱。他注入资金的条件就是将公司改名为克拉克-加德纳公司，他们的理由就是加德纳的名字更响亮，更能吸引客户。

洛克菲勒感到很受伤，但他忍住了，他故作镇定地对克拉克说："这没什么。"事实上，洛克菲勒的心里如海水般翻腾，因为他的人格被践踏了，但他知道这样做能给自己带来好处，最终，他愿意忍气吞声。

当然，最后他们拆伙了。克拉克—洛克菲勒公司永远成为了历史，取代它的是洛克菲勒-安德鲁斯公司，洛克菲勒也因此成为了富人。

然而，关于这位新的合伙人安德鲁斯，洛克菲勒也能看透他的本质，他就是个贪得无厌、目光短浅的人，最后他们也分道扬镳了，他们的分散是因为一次分红。

这一年，他们一起赚了很多钱，洛克菲勒希望能从中抽取一部分来经营新的生意，然而，安德鲁斯却希望把自己的钱全部拿回家，洛克菲勒也就尊重他的选择。安德鲁斯以为自己交了好运，因为他确实挣到了一大笔钱。然而，就当洛克菲勒用自己的分红一转手又挣到一笔钱后，他竟然骂洛克菲勒卑鄙，洛克菲勒并没有说什么。

从洛克菲勒的这段经历中，我们或许能明白一个道理——商场打拼，没有永远的朋友，也没有永远的敌人，只有永远的利益。然而，我们却发现职场中的一些年轻人，他们在与他人打交道时，会因为一些观念的差异或者小利益的争端而始终不肯让步，最终闹到不可开交的地步。

任何一场博弈过程中，每个人的策略选择对于个人来说都是最优的，或者说，对于合作的双方来说，他们的策略都是既定的，也是互为条件的，假如一方只顾自己利益而单方面改变策略的话，那么就有可能吃亏或无利可图，合作也就有可能终止，因此，为了双方的利益，我们需要多考虑对方利益，在合作中保持公平。

博弈论小贴士：

没有永远的敌人，也没有永远的朋友，要想获得成功，就要懂得控制自己的脾气，要学会运用双赢的思维，要学会放下成见、学会忍耐，这样，就能得到一个皆大欢喜的结局。

强者才有竞争力，才有话语权

人类社会，本身就是一个竞争性的社会，知识经济的到来，人们的竞争意识更为强烈，可以说，我们生活的周围，无时无刻不存在着竞争。正是由于竞争的存在，才使我们认识到自己的不足，才使我们认识到要发展自我。前面，通过猎鹿博弈，我们已经认识到在参与人际竞争的同时，我们还应积极与他人合作，的确，对于任何人或者是任何企业来说，无论是在哪一方面有专长，或者已经取得了某些成就，仅凭个人的力量想要到达成功的顶峰是非常困难的，真正的成功者，往往能够借他人之力为己所用。然而，在与他人合作之前，我们不但要保持合作的态度，还必须要有合作的实力，不但要懂得合作，更要善于合作，才能在合作中走向成功。尤其是面对当今社会的激烈竞争，艰难险阻如此之多的情况下，我们既要遵循公平合作的原则，更要提升自己的实力，只有这样，才能在合作中实现真正的平等对话。

某年，由于市场竞争激烈，木材市场十分不景气，木材的价格又大幅下跌，很多大型林场都遇到了危机。面对这样的情况，某林场场长下决心带领大家从夹缝中冲出去。为此，他亲自到欧美一些国家做市场调查，搜集信息，寻找合伙对象，开辟新市场。

在国外，场长找到一家著名的家具生产集团。场长开门见山说明来意，希望那家公司能够把他们的林场作为原料采购基地。对方公司总经理说："现在我们的原料供应系统很稳定，你有什么优势让我们把别的公司辞掉，而选用你们的木材?"

场长对此不卑不亢地列举了该林场三大优势：第一，我们林场的木材质量有保证，有很高的信誉；第二，我们可以长期合作，保证长期供货，长期供应价格上给予一定的优惠；第三，我们林场有自备码头，保证货运及时，并有良好的售后服务，更重要的一点是保证信守合同。场长在大谈林场的三大优势后，还不紧不慢地对外方总经理说，林场刚刚与国际上另一家知名公司签订了供货合同。那位经理听说连那样的大公司都与中方的这家林场签订了合同，看来林场实力不弱啊!他立即同意就供货问题正式洽谈。签订合同之前对木材进行现场检测。经检测，木林质地良好，是家具原材料的上上之选，经过一番讨论，双方终于正式签订了合同，该林场在国际市场上也站稳了脚跟。

这里，林场老板是怎么让这家公司答应与之合作的？很简单，他在自身力量较弱，处于劣势的情况下，采取了往自己脸上贴金，玩个把戏，把身价抬高，继而让对方看到与之合作会有利可图。

从这里，我们可以看出，合作也绝非易事。试想，如果你是弱者，那么，在博弈中，你就很难与对方达到公平的合作，处于劣势就意味着会失去话语权，无法平等对话又何来公平的合作呢？你注定要被对方牵制。所以，在与他人合作的时候，就要先使自己强大起来，达到与对方比肩齐平，才能真正实现公平的合作。

在很多的博弈过程中，我们强调实力相当者才更容易合作，也就是说，我们若想与更优秀、实力更强者合作，我们就应该努力充实自我，只有这样，你才能提升自己的竞争力，也才能在合作中更有话语权。

可见，合作可以让我们避免失败、减少过多的损失，但真正的双赢结局是建立在公平合作的基础上的。只有具备足够的实力与他人合作，才能与对方站在平等的位置上进行利益的谈判和分配。博弈的双方如果是一强一弱，就很难达到公平合作，也容易因为利益的问题而产生分歧，在最终的谈判中，妥协的一方往往是弱者。

博弈论小贴士：

如果自己没有足够的实力与他人合作，那么，在合作前，你不妨先把合作置于一边，先充实自己，让自己强大起来，等你具备与对方相当的实力后，再与之合作也不迟。这样便能够在双方的博弈中受到合理的对待，也才能够获得充分的利益。

尊重你的对手，化敌为友

生活中，无论我们处于怎样的工作和生活环境中，相信都有一两个劲敌，他们也可以说是你的对手，对此，你是怎样的心理呢？是嫉妒还是欣赏？是大声叫好还是不屑一顾？尤其是当你发现对方已经赶超你的时候，你为他鼓掌，会化解对方对你的不满和成见，改变他对你的态度，他会觉得你慷慨地付出自己的真诚，从此，他也会给予你支持。人都是这样，死结越拧越紧，活结虽复杂，却容易打开。

的确，不少时候，人们面对对手，采取的是打击的方法，其实，这样做还不如化敌为友、化干戈为玉帛。想把对手变成朋友，就要舍得为他"付出"，对方陷入困境的时候，你要保持冷静，不能见机踹他一脚；当你成功的时候，不要在对方面前趾高气扬，克制自己不流露出得意。做到这些就是"付出"，勇敢的"付出"。

可见，竞争者的存在，并不仅仅是个威胁，在很多时候，它还是激励你进步的"伙伴"，如果你能尊重和重视每一个竞争者，那么，你将会激励自己不断进步，同时，你也会在竞争中收获友谊。

杰克和路易斯同为学校篮球队的队员，杰克在队中司职后卫，路易斯则是一名小前锋。大学阶段的他们都非常率真，尤其是向异性表达自己的真心。不巧的是杰克和路易斯都对同一个女生表达了自己的爱慕，一对好朋友就这样变成了敌人。这种敌对情绪使得两人的关系非常紧张，彼此间变得非常冷漠。但是在赛场上，两个人仍然并肩作战，在一场关键的比赛当中，还是路易斯接到杰克的传球将球投进，锁定了本队的胜利。就这样赛后两个人重归于好。

杰克和路易斯虽然因为一个女孩变成了情敌，但是赛场上两个人面对着共同的敌人，就重新成为了朋友，并且借着赛场上的友谊化解了两个人之间的敌意。

总之，你要明白的是，正因为有了对手，我们的生活才不会像白开水一样平淡乏味，而变得美丽、变得七彩斑斓；正因为有了对手，我们才不会像人工养殖的鲜花一样弱质纤纤，而变得越来越坚强；正因为有了对手，我们才能享受到真正的快乐。因为对手的存在，并不仅仅是个威胁，在很多时候，它还是激励你进步的"伙伴"，因此，如果你也能以这样的心态对待对手，那么，对手就不是你的敌人，而是你的朋友了。

具体来说，面对竞争对手，你需要做到：

1. 承认竞争者的能力，为对方叫好

当我们看到自己取得成功的时候总是兴奋不已，希望有人为自己鼓掌。可是当身边人，包括你的对手取得成功的时候，你该怎样去面对呢？

人的能力是不一样的，因此，有时候别人会做得比你好，此时，你就应该学会真心地赞扬他人，并且，赞扬的时候说话要具体，什么叫具体呢？比如，很简单的两种不同的赞扬："你真棒呀！"和"你的努力终于换来回报了。"这两种赞扬方式有不同，前一种比较空洞，后一种更加具体，后一种更能给人真诚的感觉。

2. 正确看待竞争，不要过于看重竞争结果

有些人眼里容不下别人比自己优秀，为此，他们努力工作，总是想赶超第一，这是我们奋斗的动力，但也会可能成为我们的负累，倘若你获得了好成绩，却变成了一个善妒的人，而且遗忘了什么叫快乐，你会觉得幸福吗？

因此，我们都应该记住，人生路上，对于对手，我们应该抱着感谢的态度，要知道，对手就犹如一面铜镜，能照出你自己的特征，也能激励你去不断学习，

不断发展。

博弈论小贴士：

博弈中，没有永远的敌人，也没有永远的朋友，但无论是竞争对手还是合作伙伴，我们都要时刻保持尊重对方的态度。恶意斗争只能两败俱伤，而化敌为友则是一项双赢的举措。但前提是我们要主动伸出友谊之手，学会尊重和重视对方。

运用双赢思维，真诚合作

博弈论中，人们常常提到"双赢"一词，所谓双赢，就应用到生活中，指的就是采取对双方都有利的交际措施，得到他们应该得到和最想得到的东西。我们都知道，人是三分理智、七分感情的动物，友善会孕育友善，付出会孕育付出，所以生活中你怎样对待别人，别人就会怎样对待你。因此，在合作中，如果我们能放下成见，多从对方的角度考虑，那么，对方也必定会感到你的真诚，进而愿意用同样的行为回报你。

博弈论告诉我们，我们每个人，都要对合作引起重视，并把合作的意识运用到日常的工作中。这正如石油大王洛克菲勒所说的："合作，可以让我们做到我们原来所做不到的事情。"这句话来源于他在1901年写给小约翰的一封信。这一年，约翰和摩根先生达成共识，这是美国经济史上最伟大的一次握手。美国的《华尔街日报》评价这次握手标志着"一艘由华尔街大亨和石油大亨共同打造的超级战舰已经出航，它将势不可挡，永不沉没"。

在信中，他提到了与合作伙伴亨利先生之间的合作与友谊：

"亨利是我永远的知己，最好的助手；和他的结盟，让我得到的不仅仅是投资，而是一种心灵和智慧上的支持。我们是同一类人，我们都雄心勃勃，希望成为石油行业的主人，直到现在，我们都还记得我们一起工作时的情形——我们几乎形影不离，一起上班、下班，一起思考，我们总是互相激励，我们就像情侣一样，那是我人生中最快乐的一段时光。相互激励、彼此坚定决心。那段时间，就如同欢度蜜月一样，永远是让我感到愉快的记忆。如今，几十年过去了，我们依然亲如兄弟，这份情感给多少钱我都不卖。这也是我一直让你叫他亨利叔叔而不要叫他亨利先生的原因。"

洛克菲勒说，在那些妄自尊大的人眼里，合作显得很软弱或者可耻，但在他看来，合作是聪明人的选择。他也曾把自己的成功的原因之一归结为合作。——"我之所以能跑在竞争者的前面，就在于我擅长走捷径——与人合作。在我创造财富之旅的每一站，你都能看到合作的站牌。"

的确，社会总是会有竞争，人与人之间也总是利益的不平衡，关键在于我们抱什么样的态度。只要抱着"我好，你好"的双赢态度，按照这个原则去处理人际关系，你将会获得最理想的结果。

因此，与合作者交往的过程中，要学会运用双赢的思维，引导对方看到对双方都有利的合作方式、利益点等，这样，就能得到一个皆大欢喜的结局。

有合作就会存在利益分配的问题，适当的时候，我们还需要你做出让步，才能达成共识，一味地坚持，只会争个面红耳赤。其次，一定要有长远的眼光。要记住，这次的"妥协"和"退让"只是为赢得信任和下一次的合作彩排而已。

博弈论小贴士：

人是利益的动物。人与人之间的交际基本上是一种利益交换的过程。这种交换不仅可以指物质上的，更可以指精神上的。真诚换来真诚，合作绝不能流于表面，在合作的过程中，我们一定要摒弃为一己私利的观念，多从对方的角度，相信定能打动对方。

第10章
博弈中的常见效应与定律

我们都知道，生活中处处充满博弈，商业竞争是博弈，人际交往是博弈，爱情婚姻亦是博弈，博弈是斗智斗勇的艺术，因此，谁掌握的信息全面，谁了解的博弈知识越多，谁就容易获得更好的博弈智慧，本章中，就让我们来了解一些博弈中常见的效应与定律常识，以帮助我们更好地参与博弈决策。

破窗效应：不及时制止意味着纵容

我们在日常生活中，可能有这样的体会：一间房屋内，如果大门是敞开着的，那么，桌子上的财物可能使人心生歹念；一些违反规定或钻了规定空子的行为，可能会使人们再次铤而走险；而那些干净的街道，人们不会扔垃圾；在安静的图书馆，人们不会大声喧哗；洁白的墙壁，人们不会去涂鸦；修剪整齐的草坪，人们不会随意踩上去；进别人一尘不染的客厅，你会自动套上鞋套或脱下鞋子……这就是美国的政治学家威尔逊和犯罪学家凯林提出的"破窗效应"。

所谓"破窗效应"，是关于环境对人们心理造成暗示性或诱导性影响的一种认识。

美国心理学家詹巴斗曾经做过一个实验：有A、B两辆完全相同的汽车，但对它们，詹巴斗却进行了不同的处理，A车完好无损地被他停放在秩序井然的中产阶级社区，而B车被他摘掉车牌、打开顶棚，停放在相对杂乱的街区，然后观察这两辆车会有什么变化。

结果发现，一周后，A车仍完好无损，而B车不到一天就被偷走。随后，他将A车敲碎一块玻璃，仅仅过了几小时，它也消失不见了。

实际上，尽管"破窗效应"不仅适用于社会犯罪心理和行为上的研究与思考，其道理对于社会各行各业的情况也同样成立。某种不良环境因素一旦出现，就会对人们形成一种错误的暗示，因此，如果这个破窗不加以及时维修的话，可能打碎"窗户"的人就更多，甚至引发严重的危机。事实上，现实社会中出现的很多问题，都是因为往往存在着一定的从众心理，所谓"谎话重复一千遍就是真理"、"墙倒众人推"等俗语，在一定意义上也表现出了与"破窗效应"相似的意思。

俗话说，"千里之堤，溃于蚁穴"。如果不维修好或不及时修好第一扇被打碎玻璃的窗户，就可能会带来无法弥补的损失。我们来看看下面的案例：

美国有一家规模不大的公司，但在管理上极其严格。在这家公司的车间，有个比较资深的员工叫汤姆。一直以来，他的工作效率都很高，也深受老板的赏识。

这天，他和往常一样，来到车间，开始在切割台上工作，一会儿后，他就把切割刀前的防护挡板卸下放在一旁。没有防护挡板，这样做，会使他取零件时更加方便，因此，工作效率也就高了很多，但也埋下了安全隐患。

不巧的是，汤姆正在为这一聪明的举动而高兴时，车间主任走了进来，将汤姆逮个正着。主任雷霆大怒，令他立即将防护板装上之后，又站在那里大声训斥了半天，并声称要作废汤姆一整天的工作。

第二天一上班，老板就叫人通知汤姆来他办公室一趟，老板说："身为老员工，你应该比任何人都明白安全对于公司意味着什么。你今天少完成了零件，少实现了利润，公司可以换个人换个时间把它们补起来，可你一旦发生事故、失去健康乃至生命，那是公司永远都补偿不起的……"

这天下班后，汤姆就辞职了，他悔不当初。

这里，我们可以说，汤姆老板的处置方法虽然有点严厉，但对于企业员工来说，却是一次很好的教育。因此，如果你是企业的领导者，第一个迟到的人一定要被处罚，否则别人会认为迟到不重要；第一次浪费资源的事情不制止，你的员工就会形成浪费的习惯；第一个上班玩游戏的人一定要批评，不然大家会比着玩；违反公司流程的第一次行为必须严肃处理，类似的行为才不会重复发生……也许你还不太习惯，因为人们会说你"小题大做"，但"千里之堤，溃于蚁穴"，从这个意义上说，"从我做起，从身边做起"已不再是一句空洞的口号。

总之，"破窗效应"的隐患无时无刻不存在着。因此，我们主张建立一种机制，对于已经破了的窗户要及时修补，以树立良好的规范；对打破窗户的人要采取严厉的惩治措施，以确立明确的纪律。

博弈论小贴士：

一栋建筑物上，如果有一个破窗，并没有及时的修补，那么，看到它的人可能会得到某种暗示性的纵容，去打碎更多的玻璃，并且，人们对于这一行为并没有多少负罪感，这种心理感觉甚至会诱导犯罪行为的滋生和蔓延，使社会秩序遭到破坏。因此，对于某些破坏性行为，我一定要及时制止，以免造成更严重的损失。

登门槛效应：先"得寸"后"进尺"

心理学家认为，在一般情况下，人们都不愿接受较高较难的要求，因为它费时费力又难以成功，相反，人们却乐于接受较小的、较易完成的要求，在实现了较小的要求后，人们才慢慢地接受较大的要求，这就是"登门坎效应"对人的影响。

心理学家DH查尔迪尼曾做过一个心理学实验：

一次，查尔迪尼代替某个慈善机构进行了一次募捐活动。在募捐前，他将进行募捐的人分成了两部分，并将他们分开。他对第一部分人说："哪怕一分钱也好"，而对于第二部分人，他则什么都没说。结果，前者的募捐比后者要多两倍。

之所以有这两种完全不同的结果，查尔迪尼分析认为就是登门槛效应在起作用。也就是说，向人们提出一个微不足道的小要求时，人们很难拒绝，否则就太不通人情了（先进门槛再逐步登高，得寸就步步进尺。为了留下前后一致的印象，人们就容易接受更高的要求。

其实，生活中，"登门槛效应"的应用实例并不少见，比如，男性追求女性，直截了当地求爱，可能会吓跑女方，但如果从朋友做起，则更易达成目标。我们求人办事，因为事情的难度，对方很可能会拒绝，但换之，我们让对方帮个小忙，对方会欣然接受，也就是这个道理。

根据"登门槛效应"，在人际交往中，当我们要求某人做某件较大的事情又担心他不愿意做时，可以先向他提出做一件类似的、较小的事情。当他接受了我们这一小要求时，我们就有可能让他答应更大的请求，也就是想"进尺"，不妨先"得寸"。

但我们在运用"登门槛效应"时，还应注意几点：

1.作出调查，了解对方的实力

即使是"登门槛"，"门槛"不能太高，否则无法"得寸"。一般情况下，对于那些举手之劳的事，人们一般是不会说"不"的，但在提出请求之前，我们最好能对对方的实力进行一番调查，否则，在你看来那些简单的要求，也有可能因为对方实力不足而难以实现。

比如，在单位，你是一名领导，对于某个下属的能力，你并不了解，你交代给他一件你认为的小事，但他却没有办好。相反，同样，当你了解他的做事习惯、办事能力后，你不妨先提出一个只要比过去稍有进步的小要求，当他们达到这个要求后，再通过鼓励，逐步向其提出更高的要求，这样他容易接受，预期目标也容易实现。

2.把握"进尺"的度

以推销为例，在日常生活中，对于那些直接进门推销的推销员，我们都会本能地拒绝甚至产生厌恶。而当销售员向我们获得特许"登门槛"、也"得寸"后，便得意忘形，将销售议程提上案，事实上，此时，我们的内心世界还并没有消除对销售员的戒备状态，可想而知，我们是不会买他的账的。

社交生活中，也是如此，我们求人办事、向别人提请求，也不能急功近利，否则，只会事倍功半。

不可否认，大部分人都能接受"登门槛效应"，人们都希望在别人面前保持一个比较一致的形象，不希望别人把自己看作"喜怒无常"的人。因而，在接受别人的要求、对别人提供帮助之后，再拒绝别人就变得更加困难了。如果这种要求给自己造成损失并不大的话，人们往往会有一种"反正都已经帮了，再帮一次又何妨"的心理。于是，登门槛效应就发生作用了。

但事实上，也有一部分人，登门槛效应，根本起不了作用，对于这一类人，我们应该做的是"另寻出路"。

博弈论小贴士：

"登门槛效应"，又称得寸进尺效应，是指一个一旦接受了他人的一个微不足道的要求，为了避免认知上的不协调，想给他人以前后一致的印象，就有可能接受更大的要求。这种现象，犹如登门坎时要一级台阶一级台阶地登，这样能更容易更顺利地登上高处。"登门槛效应"，是一种求人办事的迂回措施，当"引诱"对方先同意我们的小要求后，对方答应我们的大要求的成功性也就更大！

延迟满足效应：如何培养自控能力

只要我们用心观察，就会发现，我们生活的周围，那些成功者，往往都是沉得住气、自控能力强的人。即使面对很大的诱惑或者失控的场面，他们也能冷静地面对，进而做出正确、最佳的反应。的确，金无足赤，人无完人，人最大的敌人是自己。只有能够战胜自我的人，才是真正的强者。我们可以说，美好人生，就是从自我控制开始的。而生活中，人们之所以会做那些让自己后悔的事，归结起来，大多是因为自制力薄弱，抵挡不住诱惑，因此做了不该做的事。

关于这一点，心理学上有个概念叫延迟满足，它指的是，人们为了获得更大的目标，可以先克制自己的欲望，放弃当下的诱惑。如果一个人没有忍耐这种能力，那么，则会在遇到压力时退缩不前或不知所措。

美国著名的心理学家米卡尔曾经做过一著名的"糖果实验"。

实验的对象是一群4岁的孩子。米卡尔将他们留在一个房间里，然后发给他们每人一颗糖，然后告诉他们："你们可以马上吃掉软糖，但如果谁能坚持到我回来的时候再吃，就能得到两块软糖。"他离开后，大概有百分之三十的孩子因为禁不住糖的诱惑而吃掉了糖；有一部分孩子一再犹豫，等待，但还是忍不住诱惑，将糖塞进了嘴里吃了；而另外一部分孩子却通过做游戏、讲故事甚至假装睡觉等方法抵制诱惑，坚持了下来。20分钟后，实验者回到房间，坚持到最后的孩子又得到了一块软糖。

实验者跟踪研究了14年后，发现前后两种孩子的差异非常显著。坚持下来、自制能力强的孩子社会适应力较强，较为自信，人际关系也较好，也较能面对挫折，会积极迎接挑战，不轻言放弃。相反，那些自控力差的孩子怯于与人接触，优柔寡断，容易因挫折而丧失斗志，经常否定自己，遇到压力容易退缩或不知所措，更容易嫉妒别人，更爱计较，更易发怒且常与人争斗。这些孩子在中学毕业时又接受了一次评估，结果表明，4岁时能够耐心等待的孩子在校表现更为优异，他们学习能力较好，无论是语言表达、逻辑推理、集中精力、制订并实践计划、学习动机等都比较好。更让人意外的是，这些孩子的入学考试成绩普遍较高；而最迫不及待吃掉糖果的那三成孩子，成绩则最差。

由此，我们可以看到，一个人要想成功，跟他控制住自己的欲望有非常密切的关系。我们可以看到的是：古往今来，凡是成功人士，他们往往具有一个共性特质：善于自律，以达到某种目标。我们听过这样一句话"上帝要毁灭一个人，必先使他疯狂。"这句话的意思是，一个人，一旦失去自制力后，那么，他距离灭亡的距离也不远了。的确，一个人连自己的行为也不能控制，又怎么能做到以强烈的力量去影响他人，获得成功呢？

保罗·盖蒂是美国的石油大亨，但谁也没想到的是，他曾经是个大烟鬼，烟抽得很凶。

曾经有一次，他在一个小城市的小旅馆过夜，半夜的时候，他的烟瘾犯了，就想找一根烟抽，但他摸了摸上衣的口袋，发现是空的。他站起来，开始在包里，外套口袋里等地方寻找，可是都没有。于是，他穿上衣服，想去外面的商店、酒吧等地方买。没有烟的滋味挺难受，越是得不到，就越是想要，他当时就是很想抽烟。

就在盖蒂穿好了出门的衣服，在伸手去拿雨衣的时候，他突然停住了。他问自己：我这是在干什么？

盖蒂站在门口想，一个应该算得上相当成功的商人，竟然在半夜要冒雨、走几条街去买一盒烟？没多会儿，盖蒂下定了决心，把那个空烟盒揉成一团扔进了纸篓，脱下衣服换上睡衣回到了床上，带着一种解脱甚至是胜利的感觉，几分钟就进入了梦乡。

从此以后，保罗·盖蒂再也没有拿过香烟，当然他的事业越做越大，成为世界顶尖富豪之一。

这里，我们看到了一个真正的强者，他懂得约束自己的行为，懂得为自己的所作所为负责。这样的人必当能在人生道路上把握好自己的命运，不会为得失越轨翻车。

我们不难发现，随着物质生活水平的不断提高，很多人都过上了衣食无忧甚至是奢华的物质生活，而这也造成了一些人贪图享乐的心理，久而久之，他们的意志力和自控力逐渐被磨灭。然而，我们都知道，很多时候，一个人能否控制住自己的欲望，是否有自制力，它的意义就好像汽车的方向盘对于汽车一样。不难想象的是，一个汽车，如果没有方向盘的话，它就不能在正确的轨道上运行，最终也只能是车毁人亡。

总之，失去控制的人生最终会使你失败。唯有自制的人，才能抵制诱惑，有效地控制自身，把握好自我发展的主动权，驾驭自我。一个人除非能够控制自我，否则他将无法成功。

博弈论小贴士：

我们每一个人，都应该认识到自控心理对于人生发展的重要性。只有坚决地约束自己、战胜自己，最终才能战胜困难，取得成功。

马太效应：遇到不公正待遇时如何调整

生活中，我们总是强调人人平等，公平竞争等，但实际上，这个世界上，是没有绝对公平的。人的心理常常受到伤害的原因之一，就是要求每件事都应当公平。在这种想法的引导下，人们一旦受到不公平的待遇，便开始抱怨、发泄内心的不满，而其实，我们完全没有必要苛求绝对的公平，这是一种不明智的做法。

关于这一点，有一个著名的"马太效应"，《新约·马太福音》中有这样一个故事。

从前有一个国王，他要进行一次远行，在出门前，他交给他的三个仆人每人一锭银子，并吩咐他们说："这些钱是我给你们做生意的本钱，等我回来时，你们再带着赚到的钱来见我。"

一段时间后，国王回来后，他的第一个仆人说："陛下，你交给我的一锭银子，我已赚了10锭。"国王很高兴并奖励了他10座城池。

第二个仆人报告说："陛下，你给我的一锭银子，我已赚了5锭。"于是国王便奖励了他5座城池。

第三个仆人报告说："陛下，你给我的银子，因为我害怕丢失，所以我一直包在手巾里存着，我怕丢失，一直没有拿出来。"

国王一听，气不打一处来，便将第三个仆人的那锭银子赏给了第一个仆人，并且说："凡是少的，就连他所有的，也要夺过来。凡是多的，还要给他，叫他多多益善。"

后来这一现象就被人们称之为"马太效应"。马太效应，指强者愈强、弱者愈弱的现象。事实上，在我们的生活中，马太效应也处处存在。

以一个班级为例：在一个班级里面，那些学习上的尖子生，老师就会认为他们在其他方面也是优秀的，并对他们抱以很高的期望，于是，在这种激励下，他们的表现会越来越好，而那些学习成绩差、调皮的学生，就会受到老师的冷落、同学们的孤立等。

再以职场为例，那些在工作上小有成就的员工，在获得奖励和鼓励后，他们的工作积极性也会更高，他们的业绩越来越好。而那些表现一般的员工，在被冷落后，也就逐渐变得消极、做一天和尚撞一天钟，到最后，他们也就成了公司可有可无的人。

我们每个人都希望能得到绝对公正的待遇，而实际上，这个世界上，绝对的公平是不存在的，对此，一定要学会摆正自己的心态，要注重自己的生活，而不要把眼光放在他人的表现上，否则，只是徒增烦恼而已。

每当人们遇到不公正的待遇，不难想象，他们多半会在事后向周围的亲人、朋友抱怨，也可能会把不满情绪发泄出来，而这样的心态，是很不利于我们的生活和工作的，也对个人发展产生消极影响。根据马太效应，我们不难看出来，一个人如果获得了成功，什么好事都会找到他头上。其实。人活于世，无论遇到什么，都绝不可怨天尤人，人最大的敌人是自己。态度积极主动执着，那么你就赢得了物质或者精神财富，获得财富后，你的态度更加强化了你的积极主动性，如此循环，你才能把马太效应的正效果发挥到极致。

为此，对于不公正待遇，我们需要从以下几个方面做出心理调整：

首先，我们要学会将注意力放在自己身上，而不是别人，多关注自己，就不会因为比较而出现不公平的心态了。

其次，多关注生活中快乐的事。这时，你就会发现，心情豁然开朗。生活中的诸多快乐正一件接一件迎面而来，即使不是一个好天气，你也会感到内心的喜悦。

总之，我们一定要明白：这个世界上，总是有这样那样不公平的事，没有百分之百的公平，越是苛求所谓的公平，那么，你就越会觉得自己正在遭受不公平的待遇。所以要摆正心态，不必事事苛求百分之百的公平，否则就是自己和自己过不去。要把注意力放到重要的事情上面，这样，在不断的自我充实过程中，你也会发现，随着自身实力的增强和个人的成长，那些不公平的现象也会逐渐远离自己。

博弈论小贴士：

"马太效应"是普遍存在的，从这一效应中，我们可以看出的是：只有成功才能换取更大的成功。也许现在的你正遭受某种不公平的待遇，但无论做人还是做事，开始阶段都是充满艰辛的，都是充满不公平的，对此，我们一定要调整好心态，并经受住考验，唯有如此，才能做出更好的成绩。

蝴蝶效应：不要因小失误酿成大错

日常生活中，可能我们都有这样的体验：一个错误的数据，可以导致整个报告成为一堆废纸；一个标点的错误，可以使几个通宵的心血白费；一个烟头的失误，也可能导致一场巨大的火灾。这就是细节的力量。小失误往往会酿成大错，著名的蝴蝶效应就对此有所诠释：蝴蝶效应是指在一个动力系统中，初始条件下微小的变化能带动整个系统的长期的巨大的连锁反应。这是一种混沌现象。蝴蝶在热带轻轻扇动一下翅膀，遥远的国家就可能造成一场飓风。这一效应是这样得来的：

美国气象学家爱德华·罗伦兹1963年在一篇提交纽约科学院的论文中分析了这个效应。"一个气象学家提及，如果这个理论被证明正确，一只海鸥扇动翅膀足以永远改变天气变化。"在以后的演讲和论文中他用了更加有诗意的蝴蝶。对于这个效应最常见的阐述是："一只南美洲亚马孙河流域热带雨林中的蝴蝶，偶尔扇动几下翅膀，可以在两周以后引起美国得克萨斯州的一场龙卷风。"其原因就是蝴蝶扇动翅膀的运动，导致其身边的空气系统发生变化，并产生微弱的气流，而微弱气流的产生又会引起四周空气或其他系统产生相应的变化，由此引起一个连锁反应，最终导致其他系统的极大变化。它称之为混沌学。

此效应说明，事物发展的结果，对初始条件具有极为敏感的依赖性，初始条件的极小偏差，将会引起结果的极大差异。

蝴蝶效应表明，一个看似很小的坏的机制，如果不加以控制和引导，那么，势必会给社会带来非常大的危害；相反，一个好的微小的机制，只要正确指引，经过一段时间的努力，将会产生轰动效应。

事实上，"蝴蝶效应"不仅可以运用到台风预报和社会学机制中，还可以运用到生活的方方面面。蝴蝶效应告诉我们，蝴蝶扇动翅膀都有可能引起龙卷风，那还有什么不可能呢？"没有什么不可能"，恐怕这就是"蝴蝶效应"给我们最大的启示。比如，工作中一旦失误，就要及时补救，以免铸成大错。再比如，在家庭教育中，父母一句话的表述、一件事的处理，正确和恰当的，可能影响孩子一生；错误和武断的，则可能贻误孩子一生。

不得不承认，在很多时候，事情的成败就取决于不为人知的细节。

丢了一颗螺丝钉，坏了一个铁蹄；坏了一个铁蹄，折了一匹战马；折了一匹战马，伤了一位骑士；伤了一位骑士，误了一条战报；误了一条战报，输了一场战争；输了一场战争，亡了一个帝国。

这个故事讲的是一颗蹄钉有没有钉好，与一个国家的生死存亡产生了联系，有了因果。可见细节何等重要。

因此，我们任何一人，在做任何一件事时，都应该抓住细节来预防问题的发生，来解决问题，来执行自己的决策。着名的企业家彼得·德鲁克说："对企业来说，没有激动人心的事发生，说明企业的运行时时都处于正常的态势，而这只有通过每天、每个瞬间严格地对细节的控制才可能实现。"这里所说的细节，是那些不为人所注意，或难以被大家注意到的环节、行为和态度，而且，这些不为人所注意，或难以注意到的管理环节、行为和态度是攸关成败的。

那么，我们如何做到防患于未然，及时补救出现的小失误呢？

1.培养重视细节的意识，做到及时查缺补漏

这需要我们在潜移默化中培养自己的细节意识，将细节意识融入到日常的工作、学习和生活中。当你逐渐养成反复检查、确保无失误的习惯时，造成失误的概率也就相对减少很多。同时，这也有利于对事情做到及时查缺补漏，及时发现问题，以便有针对性地解决。

2.一旦发现问题，迅速解决

关于这一点，还是我们付诸行动，我们应该把"查缺补漏"的意识贯彻到执行过程中，重视执行的每一个环节。也就是说，在这一问题上绝不可拖延，进而

导致问题的扩大化，甚至到一发不可收拾的地步。

博弈论小贴士：

生活、工作中，我们所犯的一些失误看似无关紧要，但如果不及时更正，可能就会酿成大错。事实上，无论是个人、组织，都不可忽视任何一个小的细节。"勿以善小而不为，勿以恶小而为之。"这句古训同样也在提醒我们，做到专注于每一件小事，随时关注细节的变动，同时学会防微杜渐和亡羊补牢。

多米诺骨牌效应：不要忽视初始能量的连锁反应

生活中，可能我们都有这样的体会，如果头上掉一根头发，很正常；再掉一根，也不用担心；还掉一根，仍旧不必忧虑……但如果长此以往，每天都掉很多头发，那么，我们就会担心自己的身体是不是出现了问题。的确，有些问题看似不大，但一旦形成连锁反应，就是大问题了。也就是说，我们切不可忽视小的细节，放任的最后结果必然是"千里之堤，溃于蚁穴"。实际上，这正是人们常说的"多米诺效应"的作用。

在一个相互联系的系统中，一个很小的初始能量就可能产生一连串的连锁反应，人们就把它们称为"多米诺骨牌效应"或"多米诺效应"。

提起多米诺骨牌效应，还要从宋朝开始说起。

宋徽宗宣和二年（公元1120年），民间出现了一种名叫"骨牌"的游戏。这种骨牌游戏在宋高宗时传入宫中，随后迅速在全国盛行。当时的骨牌多由牙骨制成，所以骨牌又有"牙牌"之称，民间则称之为"牌九"。

1849年8月16日，一位名叫多米诺的意大利传教士把这种骨牌带回了米兰。作为最珍贵的礼物，他把骨牌送给了小女儿。多米诺为了让更多的人玩上骨牌，制作了大量的木制骨牌，并发明了各种的玩法。不久，木制骨牌就迅速地在意大利及整个欧洲传播，骨牌游戏成了欧洲人的一项高雅运动。

后来，人们为了感谢多米诺给他们带来这么好的一项运动，就把这种骨牌游戏命名为"多米诺"。到19世纪，多米诺已经成为世界性的运动。在非奥运项目中，它是知名度最高、参加人数最多、扩展地域最广的体育运动。

最原始的多米诺玩法仅仅是单线，比赛谁推倒得更多、更远。随后多米诺骨牌从单线向平面发展，人们开始利用多米诺骨牌组成一些文字和图案。现在多米诺骨牌进一步向着立体层次发展，并且应用高科技成果，配以声、光、电的效果，使多米诺骨牌动力的传递具有了多种形式，同时，它的艺术性也增强了。

从那以后，"多米诺"成为一种流行用语。

"多米诺效应"告诉人们：一个最小的力量能够引起的或许只是察觉不到的渐变，但是它所引发的却可能是个翻天覆地的变化。

同样，在博弈过程中，如果存在众多的博弈参与者，那么，其中任何一个参与者的决策都可能影响其他参与者的行为，进而影响到到整个博弈结果。

可能有些人会认为，博弈讲究的就是宏观把控，就是要抓住大问题。有句话说得好："一屋不扫何以扫天下。"如果无法完善小问题，那么，又怎么能保证控制整个博弈局面呢？

以管理工作为例，安排下属完成任务这一管理工作看似简单，实则不然，因为这其中需要涉及的问题有很多，比如，这项工作适合谁，安排给哪个人才会事半功倍，甚至还可以考虑下要怎么样安排怎么样说才能激发下属员工的积极性。只有考虑到这些细节问题并做到方方面面妥善安排，员工的工作效率会高很多，我们不一定要做到巨细靡遗，但是注重一下细节是很有必要的。

我们再来看下面一个故事：

某个村子来了一名村官，上任的第一天，他就发现村里的卫生状况很不好，村民们似乎已经习惯了随处扔垃圾，街道上更是脏乱不堪。于是，这名村官就改变村民们的这一习惯，让村子的环境变得好起来。

他想了一个办法，这天，他买了一条非常漂亮的裙子，送给村里长得很可爱的一个小女孩，小女孩的妈妈看到女孩可爱的样子，突然发现孩子脏兮兮的手指和蓬乱的头发着实与裙子不相协调，于是，她替女儿梳洗干净。女孩的爸爸也发现，家里到处都是灰尘和垃圾，会弄脏这样一个天使般可爱的孩子，接下来，他给家里来了个大扫除，整个家里看起来都窗明几净了。并且，他还清扫了门前堆放已久的垃圾，周围的邻居看到他家里那么清爽、干净，也觉得不好意思，都自觉开始注意卫生和环保，不再随便丢垃圾了。

就这样，逐渐地，整个村子都变得干净起来了，这名村官倍感欣慰。

这就是多米诺骨牌的效应，看似细微的力量，通过积累，就能带来巨大的变化。

博弈论小贴士：

细节问题是最难把握的问题，但我们一旦把所有的细节问题搞好了，就会爆发出难以想象的良好效果。

路径依赖定律：习惯是人生的最大指导

一种行为习惯，是人们成长过程中，在很长一段时间内逐渐形成的一种行为倾向。从某种意义上说，"习惯是人生最大的指导"。世界著名心理学家威廉·詹姆士这么说的："播下一个行动，收获一种习惯；播下一种习惯，收获一种性格；播下一种性格，收获一种命运！"不难发现，好的习惯对于一个人的一生有多么重要。一个浑身恶习的人，很难有什么大作为，而一个有好的习惯的人，才有可能是现在自己人生的大目标。

这就告诉我们，你若希望拥有一个成功的人生，你就必须养成良好的行为习惯。因为我们的习惯就像是 走路如果你选择了好的行为习惯，也就是选择了一条正确的道路一直走下去。其中，对我们的行为起到影响的就是惯性，并让其轻易走不出自己选择的道路，生活中的这种现象就被称为"路径依赖"。

路径依赖，又译为路径依赖性，它所阐述的是一种惯性，即一旦进入某种路径后，就会对这种路径产生依赖。同样，一个人一旦做出了某种选择后，就走上了一条不归路，惯性的力量就是这么强大，一旦你走进去，你便很难走出来。

第一个使"路径依赖"理论声名远播的是道格拉斯·诺思，由于用"路径依赖"理论成功地阐释了经济制度的演进，道格拉斯·诺思于1993年获得诺贝尔经济学奖。

"路径依赖"理论被总结出来之后，人们把它广泛应用在选择和习惯的各个方面。这就告诉生活中的我们，要想拥有一个成功的人生，就要从现在起养成并强化良好的行为习惯。

习惯的力量是巨大的，人一旦养成一个习惯，就会不自觉地在这个轨道上运行。如果是好习惯，则会终生受益；反之，就会在不知不觉中害你一辈子。通常我们说一个人素质不高，往往就是因为这个人有许多坏习惯。

我们著名教育家叶圣陶先生也认为，要养成某种好习惯，要随时随地加以注意，身体力行、躬行实践，才能"习惯成自然"，收到相当好的效果。因此，在日常生活中，我们也要注意自己的言行习惯，"行成于思毁于随"，良好习惯形成的过程，是严格训练、反复强化的结果。

美国著名数学家维纳，在回忆父亲对他早期学习习惯的严格训练时说："代数对我来说没有什么困难，可父亲的教学方法，使我们精神不得安宁，每个错误都必须纠正。他对我无意中犯的错误，第一次是警告，是一声尖锐而响亮的'什么'，如果我不马上纠正，他会严厉地训斥我一顿，令我'再做一遍'。我曾遇到不只一个能干的人，可是他们到后来一事无成。因为这些人学习松懈，得不到严格纪律的约束。我从父亲那里得到的正是这种严厉的纪律训练。"父亲严格的训练，终于使维纳养成了良好的学习习惯，以后成为誉满全球的科学巨人。

这里，维纳严谨的学习习惯，就是来自于他的父亲一点一滴严厉的教导。

总之，对于我们的未来，我们也需要做好路径选择。日常生活中，我们应学会取舍，追求生活的真正意义。然而，习惯的养成，并非一朝一夕之事；而要想改正某种不良习惯，也常常需要一段时间。

博弈论小贴士：

在一定程度上，人们的一切选择都会受到路径依赖的可怕影响，人们过去做出的选择决定了他们现在可能的选择，人们关于习惯的一切理论都可以用"路径依赖"来解释。任何一位家长，都必须把从小培养孩子的良好习惯作为家庭教育的重要内容。

第11章

职场博弈——博弈法则助你职场一路畅通

身处职场，每个人都在追求自我实现，都希望自己的努力能得到认可，都希望升职加薪光临自己，都希望与同事、领导和睦相处，都希望在和谐的环境中工作，然而，办公室始终是处处充满博弈的战场，有实力的角逐，有心理战的较量，我们只有深谙一些职场博弈法则，才能走出一条顺畅的职场路。

了解职场生存状况，读懂游戏规则

马斯洛的需求理论告诉我们，人们最初级的需求是生存的需求，也就是说，人们参与职场工作，除了追求自我实现外，说到底也是为了挣钱更好地生活。不同背景、不同性格的人走在一起，也是一种缘分，但看似简单的一间办公室，却处处充满了博弈。如果你不懂游戏规则，那么，轻则可能得罪同事、领导，重则错失前程。

职场其实也是战场、名利场，有些人平时嘻嘻哈哈，乐于与人分享，但却包藏祸心，甚至为了自己的利益不择手段；有些人明目张胆地与人争抢功劳；也有人看似是个职场的小人物，却对公司上下了如指掌，公司的动态他总是尽收眼底；还有一些公司的老油条，他们总是左右逢源、得心应手、人际关系和谐，有上司器重、下属拥戴；还有一些人，他们擅长捞功，总是能巧妙地搭其他同事的顺风车，等别人忙完了，他们就坐享其成……身处职场，你就必须认识到这一点：心计无所谓褒贬，只要你善于运用博弈智慧，就能助你在职场求得生存和发展，否则，你就有可能成为被他人利用的牺牲品。

我们来看看琳琳的职场辛酸经历：

琳琳是一个单纯漂亮的女孩子，曾就读于一所比较出名的美术学校，毕业后，她被一家艺术设计公司聘用，具体工作是给舞台礼服设计花样图案。但她的老板却是个抠门的人，每天都会看着办公室的员工们干活儿，看见谁偷懒，就会严格扣除工资，而他给琳琳的工资每月只有一千七，除掉房租勉强只够吃饭。因此，娜娜并不能和其他女孩一样可以大手大脚地花钱，即使想约朋友，也是把他们带回家里来，然后亲自下厨弄菜招待。

琳琳刚来公司的时候，认识了一个比她稍长一点的姐姐，因为在同一个学校毕业，而那个同事比她资深，算是个小领导，平时在公司也算对琳琳照顾，所以琳琳就死心塌地对人家好。

有一天，那位女同事因为和男友分手，心情不好，看到琳琳在工作，便不分青红皂白地把琳琳骂了一通，琳琳虽然也生气，但知道原因后，从那同事的角度想想后，也就原谅了那个同事。次日，她还是满面微笑地招呼那位同事，就当作什么也没发生过。

而那女同事压根儿就是个小人，看见琳琳没有生气，反倒觉得奇怪："我这么对她，她居然没有一点记恨的表现，肯定是装的！"于是，这个女同事就心生恨意，准备先下手为强，将琳琳赶出公司。终于，她等到了机会。

不久两人去外地出差，客户选中了琳琳设计的几个方案，却没有挑中那同事的任何一个。琳琳还好心把样稿让一部分给那同事做，没想到对方压根不念好，更对琳琳记恨在心。

第三天，琳琳被公司一个电话提前召回，等待她的是放在桌子上的辞退通知信。她流着眼泪读信，感觉自己是不明不白地被辞退的。后来，有个心眼儿好的同事告诉她，原来是那位女同事在老板那儿说了坏话，说琳琳在外出差不好好干活儿，设计的图案一幅没被选中，还抽空儿溜出去玩。老板当场大怒，下令把琳琳立刻开除，其他人怎么劝也没用。

这时，琳琳才知道原来自己是被陷害了，还是被自己一直信任的人，她真是哭笑不得，她也不想解释太多，就收拾东西离开了公司。

琳琳的那位女同事，可以说简直是一个现代版的"以小人之心度君子之腹"的小人，这样的小人生活中自然不少，其实，琳琳落得如此悲惨的下场，也与她自己交友不慎有莫大的关系，她错就错在太善良，对人不留一手，把饿狼当知己，到头来还被饿狼咬了一口。可见，职场如战场，在面对竞争和利益的时候，你不懂得保护自己，不懂得趋利避害，你的路将会走得很辛苦，像琳琳那样，试图委曲求全夹缝里求生存依然会被人排挤。

可能很多刚踏入职场的新手们都会遇到这样的问题：那些前辈们一个个都对自己礼貌有加，为了能加深与前辈们的关系，你会主动将自己的一些小秘密与他们分享，你满以为自己已经在职场交到真正的朋友。可是，似乎升职、加薪都与你无缘，你满以为自己努力不够或者是运气不好，于是，即使你心存疑虑，但还是一直努力地工作着……但事实上，你根本没想到，是那些你所谓的"朋友"和"前辈"绊了你一跤。

总之，职场中的人们，在这样一个处处充满博弈的社会里，你要记住，无论在工作还是生活中，你可以保证自己做人做事光明磊落，但不能保证别人也是如此，现实已经不允许我们再做职场逃兵，你唯一的做法是：运用博弈智慧，勇敢地说出和实现自己的想法，尽可能地学会影响周边的领导、同事和客户等。

博弈论小贴士：

任何一个职场人士，都要告诉自己，没有永远的朋友或敌人，你与共事的人，只能是博弈关系。

初入职场，切忌锋芒毕露

你是否发现这样一些现象，你会发现在生活中那些工作出色、处处拿第一的人，似乎并没有什么朋友，而那些能力一般的人似乎周围总是不缺朋友，这是为什么呢？因为每个人都不希望自己的朋友强于自己，让自己成为配角，而对于那些抢尽风头的人，他们一般必会采取措施来排挤他。职场竞争亦是如此，在这场没有硝烟的职场博弈中，最终胜利的往往是那些低调的人，那些爱显摆、做人高调者往往是别人排挤的对象。

因此，每个职场新人，都要记住这一处世原则，不要让自己成为众矢之的。古人云："鹤立鸡群，可谓超然无侣矣，然进而观于大海之鹏，则渺然自小，进而求之九宵之凤，则巍乎莫及。"身处职场，我们每个人都要懂得"山外有山，人外有人"，你的那点小本事也许在那些真正的高手面前只不过是小把戏，班门弄斧只会让人笑话，因此，切不可太过嚣张、太有气焰。

约翰是个很勤奋的小伙子，在获得企业管理的硕士学位后，他就在一家国际性的化学公司工作。因为学历相当，刚进公司，他就被安排在了管理层的职位上，这令很多人不满意，尤其是那些和他年纪相当的小伙子们，因为他们还在基层摸打滚爬，为了服众，约翰请求也从基层做起，这令上司很欣赏。

但约翰并不聪明，甚至是笨拙的，在很多业务问题上，他总是做得很慢。约翰的迟钝是明显的，为此，他的上司也开始为他着急："抓紧点，约翰，动作快一些！"

然而，约翰的速度似乎还是那么慢条斯理，永远都不着急。看到约翰蜗牛般的速度，人们开始不满，并用各种语言嘲笑他："如果约翰去当邮递员的话，那么，我们永远别指望收到东西了。"

即使他们这样说，约翰也没有生气，也没有说任何话，而是还按照自己的进度工作、学习。

就这样，约翰来公司也已经半年了。此时，公司决定举行一场专业知识和业务能力考试，而第一名将会被选拔为公司储备干部。

令大家奇怪的是，平时少言寡语、工作速度缓慢的约翰却一举夺得了第一名，此时，他们才明白，做得多才是成功的硬道理。

故事中的约翰是个争气的职场新人，他做事慢条斯理、不缓不慢，看似愚笨，甚至被对手嘲笑，但他并不生气，也不与之辩驳，而是拿行动来证明自己才是最优秀的，这是一种值得每个职场人学习的精神。

任何人才的成长都是需要一个过程的，新人也需要一个不断学习的机会。因此，从新人自身角度考虑，初入职场的你，一定要明白自己所处的位置，凡事低调，切不可锋芒太露。诚然，职场竞争十分激烈。然而，在渴望"出人头地"的同时，一定要记住一点，职场里最忌的就是嚣张，"枪打出头鸟"更是中国社会竞争中的一个法则，本来这只"出头鸟"勇于表现，在能力上并不低于他人，但很多时候，他们却成为"出风头"的牺牲品，这就是因为他们不懂得把握火候。

可能，有些喜欢意气用事的人会说，不表现自己，怎么会受到上司的赏识呢？不能错过机遇。但你考虑没有，你能保证自己能万无一失地解决问题吗？另外，你的锋芒毕露也就让你树敌无数，让你身边危机四伏，让你失去本应属于你的机遇。"枪打出头鸟"说的就是这个道理。

当然，这并不是要身处职场的你做事畏首畏尾，不敢放手施展抱负。只是凡事都该有个"度"，低调做人，高调做事，在张扬与内敛之间，就看你如何把握！

总之，在这个复杂的社会生活中，职场竞争日益激烈，作为职场新人，我们除了要懂得洞察他人的内心，更要懂得把握好藏与露的尺度，只有藏好自己，才不会轻易被人看穿，这样，即使对方想对我们"下手"，也会有所顾忌。

博弈论小贴士：

忍耐对于每个新人来说都是至关重要的，即使这是一个痛苦的过程，但只要经过这个阶段，就能"守得云开见月明"，就会熟练地掌握到当前从事工种的操作技能，提升一些为人处世的能力，以及挑战挫折、失败的意志，这也是最重要的。

与领导博弈：记住，领导永远是对的

每个在职场中的人，都不可避免会有一个甚至几个上司，上司也是和我们一样的人，我们都希望能得到领导的喜欢，因为领导是我们职场之路走得是否顺畅的关键点之一。而如何让领导喜欢，这又成为很多职场人苦恼的问题之一，有些人简单地认为，努力工作、埋头苦干，自然会得到领导的喜欢。诚然，我们不能忽视"努力工作"才是硬道理这一点，但违背领导意图、不服从领导，即使你工作能力再强，可能也会在职场劳而无功。可以说，职场博弈中，服从是让领导喜欢你的第一关键因素。

徐祥是某事业单位的员工，已经有五年的工作经验了，五年来，他一直与单位的同事相处融洽，与领导也相安无事。可是，这天，他却失控了，居然与领导拍桌对骂。同事、领导都深感意外。

这天，他还是和往常一样，按时间上班。来到单位后，他却接到一个电话，主任安排他随兄弟部门的车下乡去一趟。于是，原本准备上楼的他就在单位门口等车。可是，一个多小时过去了，却没见到车的影子。于是，他就给主任打电话。谁知道，人家根本就没考虑要带上他，车早已走了。他立即打电话给主任说明情况。令他气愤的是，主任却认为是他没有在传达室里坐等的缘故。他感到在电话里没法说清楚，就撂下电话，向楼上走去，欲当面向他解释清楚。

推开主任办公室的门，主任连头都不抬一下，这更让他气愤了。可他还是耐着性子把事情的原委说清楚了。

但主任却说："今天，你必须得去。要不然就自己坐公共汽车去。"说完，又忙自己的了。徐祥的怒火"腾"的一下蹿得更高了。这明摆着就是在惩罚自己，而自己错在哪儿了？"我不去。"他冷冷地说。"嘭"，主任猛地一拳捶在桌上，咬牙切齿地说："今天你去得去，不去也得去。"徐祥气急了，也砸了一下桌子。

这一瞬间，主任吃惊地望着眼前这个不到三十岁的小伙子，这时，主任办公室外也已经挤满了来看热闹的人。

果然，和徐祥预料的一样，接下来的日子他很难熬，主任把办公室能处理的事情都交给别人做，这让徐祥寝食难安。经过几天的反复思考，理智逐渐占了上风，他清楚地认识到，解铃还须系铃人，于是，他准备主动向主任道歉。出乎意料的是，还未等徐祥开口，主任就主动提起了这事："小徐啊，那天是我的不对，不过那天我真的太忙了，心情有点不好，而且，你居然直接和我对着干，屋外那么多人看着，我也太没面子了，这两天自然得给你点惩罚，你别往心里去啊！"听到主任这么说，他欣喜若狂，回家的脚步异常轻快，几天来一直都积在心头的阴霾一扫而空。

经过这件事，他明白一个道理，无论何时都要服从领导。

从徐祥的职场经历中，我们也得到一个启示，那就是领导也会有着和我们一样的喜怒哀乐和各种苦恼，而且他们也会和我们一样面对着自己的上司，也就是说，他们也有情绪，但无论如何，我们都要服从领导，而不应该当面顶撞领导，正如这位领导说的："我也太没面子了。"

那么，我们该如何做到服从领导呢？

1. 遵循服从领导六大原则

我们都知道，面对顾客，要像沃尔玛的经营理念一样———顾客永远是对的。其实，作为下属，你要时刻铭记：领导是你最大的顾客。假如你力争证明领导错了，那么你才是真正犯了大错。关于服从领导，有以下六原则应牢记于心：

①领导不会错；

②如果发现领导错了，一定是我看错；

③如果我没有看错，一定是因为我的错，才让领导犯错；

④如果是领导的错，只要他不认错，他就没有错；

⑤如果领导不认错，我还坚持他有错，那就是我的错；

⑥总之领导不会有错，这句话绝对不会错。

可见，这六大原则告诫我们的是：我们要对领导绝对服从，但这并不是要我们盲目服从，因为绝对服从和盲目服从本身就不是一个概念，没有领导喜欢毫无主见的下属。

因此，当你发现你与上司意见不一致，就要讲求方式方法，以上司能接受的方式告诉他，让他感到你是一个有思想有能力的员工，是想帮助他把我们共同的工作做好。

2. 不要在众人面前指出领导的失误

如果你的领导错了，千万不要在众人面前指出。领导都是爱面子的，古今中外皆然。同时，我们也要知道，领导也是人，也会犯错，但他毕竟是领导，即使错了，他也应该拥有一定程度的被尊重，作为下属的我们一定要为领导留些情面，更不能事后对同事谈论领导的错误，用嘲弄的口吻让流言四散传播，并用贬损领导的话来证明自己的聪明与正确。如果一定要让领导知道他的错误，你应该在适当的场合适当的时间私下找领导聊，谈谈自己的意见和看法。

如何在纷繁复杂的职场活动中与你的上司愉快相处，并得到领导的喜欢遵循以上两点至关重要！

博弈论小贴士：

下级服从领导本来就是天经地义的事情。这是一种个人职业素养的体现，更体现了我们对同事、领导的尊重，对单位和企业的认可，而更为重要的是，这是与领导博弈的制胜法宝。

下属与企业、领导的博弈：表露成绩，高薪也是争取出来的

博弈论中，我们常常听到这样一句话："会哭的孩子有奶吃，"这句话是要告诉我们要懂得表现自己，同样，身处职场也是如此，如果你是个平淡的人，你可能认为只要埋头苦干，做好自己的分内工作，你就是"先进工作者"了。实际上，这种想法是错误的，你这样做，只会给人留下老实、踏实的印象，一旦时间久了，你就会被领导忽略，职场如升职、加薪等好事自然也与你无关。任何一个领导，都喜欢充满激情，富有创新，敢说敢想的员工，而这样的员工通常都会得到重用。

小杨是个内向的年轻人，从上学到工作都很文静，很少和周围的同事接触，甚至连话都不敢说重了。这样，二十几岁的他，在单位也没什么是非，当然，两年了，也没升职。他也对自己目前的工作状态感到满意，但有一次聚会，却让他彻底改变了自己的看法。

每年，公司都会举行一次大型的聚餐活动，今年依旧如此。那天，小杨所在的部门同事们都坐在了一起。聚会进行到一半时，为了活跃气氛，有同事提议表演节目。轮到小杨所在的部门时，大家有点面面相觑。部主任自己不擅长此道，更别说唱歌表演了。刘姐是个庄重淑女，是不可能失去高贵气质的。老李的水平

和部主任差不多。只有小赵有文艺天才，能自弹自唱，但不巧的是他感冒了，嗓子肿得说不出话来。

最后大家把目光聚到他的身上。刘姐说："年轻人哪有不会唱不会跳的？这又不是比赛，意思意思就行了。"还没等他反对，主持人已经报幕了："下面有计划部的小杨给咱们献上一曲……"事已至此，他只好硬着头皮在大家的目光中走上台去，接过话筒唱了一段京剧……这段京剧旋律流畅轻快，节奏鲜明好听，以至于台下的老师傅们不知不觉得跟着唱了起来，场面达到了高潮，大家的掌声更响了。他的情绪也高了起来，有种真正被人接受被人欣赏的感觉和喜悦。

回到座位上，部主任笑容可掬地说："没想到小杨还有这么两下子呢，不错不错。以后再有这样的机会，让他和小赵配合一下，兴许还能给咱部里拿个什么奖呢。"他真是有点受宠若惊，要知道部主任可从来没有这样和蔼可亲地对他说话。

这次聚会后，小杨一下子出名了，以前他还不认识或还不太熟悉其他部门的同事，在班车或是在食堂相遇，友善地和他打招呼，因此他也意外地结识了很多新朋友。更让他惊喜的是，在一次公司例会上，公司总裁居然主动和他说话："我知道你，戏唱得不错。韵味十足，现在年轻人会唱京剧的不多呀。人也长得帅气，小伙子很精干不错。老董你很有眼光啊。"

部主任开心地大笑起来："您不是说培养年轻人吗！"

会后部主任和小杨讲："好好干，只要外面有出头露面的机会我会安排你去的，年轻人前途无量啊。"不久，部主任退休，部主任一职，由小杨担任。当时的小杨才只有24岁。

我们发现，一次赶鸭子上架的机会，让小杨被单位同事熟识，被单位领导重视，这再次让我们体会到埋头苦干再也不是现代职场雷打不动的晋升之道。了解这一点，估计有很多职场人士知道为什么自己"俯首甘为孺子牛"，做足了那10%的功课，却不及那些高曝光度的同事，动那60%的脑筋，来得讨巧了呢？

那么，我们该怎样表露成绩呢？

1. 提前大胆提出你的建议

大多数上司虽然谈不上日理万机，但也非常忙碌，有时还有许多烦恼缠绕着他。当他心情好的时候，有些建议尽管不太中听，他还是能接受的；如果他工作没做好或者家中有什么不快的事，他正憋着一肚子火无处发泄，你这时提建议，特别是刺耳的良言，那就正好撞在"枪口"上了。即使你的建议好得让他不能不采纳，但他也不会记着你的功，反而会因为你当时戳着他的痛处而记恨你，甚至会找机会给你点颜色看看。

2.学会争功

在功劳面前，不要逆来顺受，也不要过分谦让，应大胆地向领导要求自己应该得到的。"丑话说在前头"，在接受任务时谈好报酬更易让领导接受。争利要把握好度，既不争小利，不计较小得失，又不得过分争利。当然，折中的方法有时也很奏效。

向领导要求利益大有学问，关键是要把握好火候和技巧。

第一，执行重大任务以前，争取领导的承诺。

第二，要求利益要把握好"度"，见机行事。

每当做完自认为圆满的工作，要记得向上司、同事报告，别怕人看见你的光亮；当有人来抢夺属于你的功劳时，也要坚决捍卫。

总之，我们应该学会巧妙地将自己的成绩传达给领导。毕竟，当今社会已经是一个信息化时代，光会做事不够，还要会说，表达出来，才能得到认可，一味工作，并不能让上司看到，即使你累得半死，也与升职、加薪无缘！

博弈论小贴士：

与上级和企业博弈是一门艺术，身处职场，我们要想得到肯定和认可，想要得到升迁、加薪的机会，就必须学会表现自己，只会努力工作不够，还要让领导看到你的成绩。

职场跳槽要谨慎

当今社会中，跳槽已经成为职场上一种常见的现象。注意一下你的周围，是不是经常有跳槽的同事，或者刚进入格子间的新人？无数过来人都会对我们千叮咛万嘱咐，不要盲目地跳槽，也不要频繁地跳槽，如此种种，都会使用人单位对你的信誉大打折扣，搞不好还会使你的职场之路变得坎坷。关于这一道理，恐怕每个职场人士都知道。但即使如此，工作中难免会出现一些不得不让我们跳槽的情况，跳槽没有错，但我们要学会运用博弈智慧来为自己寻找跳槽的时机，切不可心血来潮。

小妍毕业于一所著名的大学，学的是中文专业，在校时就有才女之称。4年前，她在家人的劝说下，进入某图书馆工作，但干了3个月，年轻活泼的她就感到浑身不对劲，上班一杯茶，一张报纸，帮领导打印材料，或接电话。经过再三考虑，她不顾家人、亲友的反对，毅然辞职，应聘到一家房产开发公司当秘书。开始时她干得还比较顺心，但后来在一次单独和经理出差途中，这位有妇之夫开门见山地许以重金，要求妍做他的"金丝鸟"，妍一口回绝了。

隔日，她就递上一封辞职报告，炒了老板的"鱿鱼"。接着她又到另一家房地产公司打工，说是做办公室工作，但老板一会儿要她帮交手机费，一会儿又要她帮接送小孩到幼儿园……妍感觉自己简直成了勤务员。一气之下，她又跳槽了。就这样，在不到两年的时间里，她换了八九个工作单位。但令她头疼的事情出现了，和男朋友马上要结婚的她，身上居然连一分钱的存款还没有。她想，至今还被父母养着的自己总不能以后还被丈夫养着吧。

可能小妍的情况在很多刚入职场的新人身上都发生过。因为频繁跳槽导致工作几年来依然如刚毕业时一般没有工作经验、没有积蓄，生活也没有定力，永远奔波于招聘会、找工作。

的确，要寻觅一份理想的工作并非易事。于是，先就业后择业的观念在年轻人中更为突出，他们求职择业，不再像过去一样追求一步到位，而是寄希望于积累工作经验以后，等自我价值得到较大的提升后，再找一份理想的工作。跳槽并没有错，但跳槽必须要准备充分，准备充分，就容易成功；准备不够就是撞大运。万一没有撞好，不仅浪费时间，还会耽误职业发展进度。此外，跳槽、转行还需要选择适当的时间，同样是你，同样的准备，跳槽时间不同，收获也将有很大的差别。那么，我们到底该如何跳槽呢？

1. 培养内线，找到空缺职位

就公司雇用程序看，除非是流失率非常高的公司、领域，一般大规模招聘机会很少。一般公司出现岗位短缺，内部人员是最早得知信息的。而这时，招聘也主要依靠内部员工介绍，所以，如果你有了目标公司，不如看看有没有人可以推荐自己，那样跳槽的成功率要高得多，因为那时竞争明显少得多。

2. 先了解新公司

对新公司的了解非常重要，求职前，要先了解一下公司的情况：总公司所在地、规模、架构、背景、经营模式、目前的发展状况和未来的发展规划等概况都最好事先有概略性的了解，如无法得到书面资料，也要设法从该公司或其同行中获得情报。包括业绩的表现、活动的规模，以及今后预定拓展的业务等。

另外，应聘企业的文化是什么，从而判断出企业的环境是否公平，也可以判断出如果入职该企业，上升通道中是否有被限制因素。避免因为急于找到工作而上当受骗。进入某个公司也不要盲目欢喜，要谨慎地观察、思考，有没有投错公司。

3. 拿到自己的报酬后再跳

聪明的职场女人不会意气用事，她们不会笨到在本月工资未拿到之前就卷铺盖走人。而如果你的薪水是绩效形式的、和工作业绩有关，比如，销售行业，你更应该慎重，毕竟你辛苦了这么长时间，而且，如果你打算继续从事老本行，那么，你的业绩直接关系到你在市场、行业内的身价。

4. "骑驴找马"或"骑马找马"

可能你最担心的问题是在跳槽风险的问题，其实，最保险的方法是先不要急着辞职，先干好本职工作，同时，瞅着机会，一旦有了跳槽的可能，就迅速抓住机遇。现在很多职场女性都明白，没有和新东家谈好之前，不露任何的蛛丝马迹。

总之，跳槽、转行的时间选择很有学问，任何一个职场人士，都要仔细研究自己所在行业、职位的跳槽、转行时间，选择出适合、适当的时间，这样才能抓住机遇，为提升自己创造良好的契机，达到跳槽、转行的预期效果。

博弈论小贴士：

无论如何取舍，不会有人为你的失误埋单，是否跳槽，来自于你自己的选择，它存在风险，因此，在工作不顺的情况下，即使跳槽，你也要考虑清楚，不可盲目跳槽！

做与不做的抉择：别什么事都太积极

翻开历史篇章，我们不难发现都有这样一个现象：在不少帝王将相攻城略地的过程中，他们都有个帮助自己成大业的左膀右臂，而当功成名就之时，他们的想法就会有所改变，他们反而会感受到下属的无形威胁，害怕自己大权旁落，于是，为了稳固自己的地位，他们会想方设法除去身边的这颗"眼中钉"，而曾经为他人打江山的这位"老臣子"，最终也招来杀身之祸，成为政治斗争的牺牲品。相反，我们也会看到这样一些深谙政治游戏的人，身处官场，他们看似愚钝，不谙说话之道，但却能处处得意，人际关系如鱼得水。他们更知道进退，懂得什么时候表现自己，什么时候身居幕后，这种看似愚钝的作风，其实才是博弈中的大智慧。

当然，我们不能否认的是，一些贤明的君主也会寻找一条"你好我好大家好"的策略。

公元961年8月22日晚朝时，宋太祖把石守信、高怀德等禁军高级将领留下来喝酒，当酒兴正浓的时候，宋太祖突然屏退侍从叹了一口气，给他们讲了一番自己的苦衷，说："我若不是靠你们出力，是到不了这个地位的，为此我从内心念及你们的功德。但做皇帝也太艰难了，还不如做节度使快乐，我整个夜晚都不敢安枕而卧啊！"石守信等人惊骇地忙问其故，宋太祖继续说："这不难知道，我这个皇帝位谁不想要呢？"石守信等人听了知道这话中有话，连忙叩头说："陛下何出此言，现在天命已定，谁还敢有异心呢？"宋太祖说："不然，你们虽然无异心，然而你们部下想要富贵，一旦把黄袍加在你的身上，你即使不想当皇帝，到时也身不由己了。"

一席话，软中带硬，使这些将领知道已经受到猜疑，弄不好还会引来杀身之祸，一时都惊恐地哭了起来，恳请宋太祖给他们指明一条"可生之途"。宋太祖缓缓说道：

"人生在世，像白驹过隙那样短促，所以要得到富贵的人，不过是想多聚金钱，多多娱乐，使子孙后代免于贫困而已。你们不如释去兵权，到地方去，多置良田美宅，为子孙立永远不可动的产业。同时多买些歌舞女，日夜饮酒相欢，以终天年，朕同你们再结为婚姻，君臣之间，两无猜疑，上下相安，这样不是很好吗！"

石守信等人见宋太祖已把话讲得很明白，再无回旋余地，当时宋太祖已牢牢控制着中央禁军，几个将领别无他法，只得俯首听命，表示感谢太祖恩德。第二天，石守信、高怀德、王审琦、张令铎、赵彦徽等上表声称自己有病，纷纷要求解除兵权，宋太祖欣然同意，让他们罢去禁军职务，到地方任节度使，并废除了殿前都点检和侍卫亲军马步军都指挥司。禁军分别由殿前都指挥司、侍卫马军都指挥司和侍卫步军都指挥司，即所谓三衙统领。

这就是历史上著名的"杯酒释兵权"。宋太祖短短的一番话，就让石守信等人明白太祖宴请他们的真实目的。这些大臣在权衡各方面的利弊得失后，自然主动交出了兵权。

当今社会，身处职场，作为下属的我们，在与领导相处的过程中，也切忌功高震主，假痴者可以迷惑对方，掩盖自己的真实才能，做个会装傻的明白人，才是上乘的交际之策。

当然，可能很多办公室新人在工作之初都会受到前辈和家人这样的忠告：新人就应该努力工作，为领导分忧，以感谢领导的知遇之恩……这番话对于初出茅庐的你来说，确实有醍醐灌顶之功效，从此你自愿承担了办公室的很多分外之事，你忙起来的时候简直像一个上了发条的闹钟，你的努力确实得到了回报，你的业绩在公司的排名最终遥遥领先于其他同事乃至你的领导，而此时，你也成为领导忌惮的对象，他担心有一天你会代替他的职位，于是，他处处给你难堪，不给你进步的空间，也许你还蒙在鼓里、不明就里呢？

战国末期秦国大将王翦奉命出征。出发前他向秦王请求赐给良田房屋。秦王说："将军放心出征，何必担心呢？"

王翦说："做大王的将军，有功最终也得不到封侯，所以趁大王赏赐我临时酒饭之际，我也斗胆请求赐给我田园，作为子孙后代的家业。"

秦王大笑，答应了王翦的要求。

王翦到了潼关，又派使者回朝请求良田。秦王爽快地应允，手下心腹劝告王翦。王翦支开左右，坦诚相告："我并非贪婪之人，因秦王多疑，现在他把全国的部队交给我一人指挥，心中必有不安。所以我多求赏赐田产，名为子孙计，实为安秦王之心。这样他就不会疑我造反了。"

王翦就是个聪明的人，他在获得兵权的同时，为了打消秦王的疑虑，主动采取了一小个举措，那就是主动请求良田。于是，才避免了因功高盖主带来的祸患。

总之，职场的人际关系是微妙的，因此，即使你要表现，也要学会审时度势，要绕开某些欲速则不达的表现陷阱。

博弈论小贴士：

每个下属都希望在上级面前表现出最优秀的自己，但不是所有的表现都会让上级满意，上级也是人，也会有人性的弱点，下属永远表现得比上级愚钝、不成为对他的威胁才是最好的表现。

自己与自己博弈：时刻学习，提升自己的能力

现今社会，不难发现，在我们生活、工作的周围，总是有这样一些人，他们是思想上的巨人，行动上的矮子，他们也希望自己可以找到一份好工作，但他们却不能做到充实自己的内在、提升能力。要知道，任何事情的成功都不是一蹴而就的，需要我们做出一点一滴的付出。小事成就大事，在每件小事上认真的人，做大事一定成绩卓越。

　　"活到老，学到老"这句话对于现代社会的人们，尤其是希望进入职场、拼杀在职场的人来说，有着更深一层的意味。如果没有过硬的职场拼杀本领，那么，你在职场的地位可就"风雨飘摇"了。无论是拿出业余时间去深造，还是在工作中不断学习，我们都应该展开思索与行动，为自己量身打造一个充电计划，并最终拥有纵横职场的能力。

　　从这里，我们发现，身处职场，任何时候，我们都要不断学习、提升自己的能力，提升自己不一定要脱离现在的工作，更没必要脱产走回学校。因为年龄、经济等条件不允许，我们不可能再走回纯粹的学生时代。随用随学，做有心人，留心身边的人和事，学会随时发现生活中的亮点，并注意总结别人的成功经验，拿来为己所用，这可能是生活和工作中能让自己进步得最快的一招。

　　博弈论小贴士：

　　职场中，我们除了要和他人博弈外，还需要和自己博弈，一个想上进的人，都希望自己能够扩大自己的视野和知识领域，并能有所收获。知识不仅是力量，而且像一面镜子一样可以照见自己的优缺点，让我们做到正确的自我认知。

第12章
谈判博弈——在讨价还价中获取最大利益

随着社会法制的建立与健全，谈判作为一种沟通思想、缓解矛盾、维持和创造社会平衡的手段，其存在越来越普遍，作用越来越大。无论是国家大事、外交事务，还是一般的商务活动，都免不了要谈判。而在谈判过程中，谁先掌握主动权，谁就拿到了胜利的砝码。而如何获得这一先机，就需要我们掌握一定的博弈技巧和策略，进而让谈判进程朝着有利于自己的方向发展！

谈判即博弈

生活中，无处不存在谈判。但成功谈判并不是一件易事，首先就要求我们在谈判中做到冷静处理、言谈谨慎，因为说错一句话，都可能带来巨大的损失。而谈判中各种问题的较量，我们都可以将其划归到博弈的行列。因此，谈判的技巧也可以说是博弈的技巧现代社会，它的重要性日益凸显。

事实上，为什么一些人在谈判中总是处于劣势、处处显得被动，其节奏也往往被对手所控制，最后频频让步、以至于还要去以争取突破底线的条件导致谈判破裂、达不成交易？这是因为他们不懂得将博弈智慧运用到谈判中。

我们都知道，博弈都不是一个人在决定，对手的选择与你的抉择相互起作用。你的选择会影响到别人决策的结果，再反过来，对方的决策结果又会直接影响着你的决策结果，有些事情错过了可以重来，但有的选择则不是，谈判就是这样，你下了决心，就会影响到对方的态度，而一旦谈崩了，则可能对你造成永久性的损失。这也就是为什么人们认为谈判是一项需要高智慧的博弈活动。

我们先来看下面这样一个案例：

陈颖是某大型卫浴公司的销售部经理，因此，她需要经常参加一些涉外商务谈判。她经常开玩笑说："是虽然她是一个弱女子，但在和这帮老外谈判的时候，我可从来没有吃过亏。其实，谈判过程中，一定要保持冷静，摸清楚对方的心理再说话是很有必要的。"

陈颖是这么说的，也是这么做的。一次，有一个客户，给她下了100多万美元的单子，但对方却一直迟迟不肯签约，陈颖明白，对方是想杀价。关键不在于价格，而是对方的态度和气势，对方话里的意思很明白，他们认为中国的卫浴产品完全不值这个价。面对高高在上的对方，陈颖采取的态度反而是委婉，"不好意思，这个价格我还要考虑一下，但估计情况不会太乐观，因为我们卖的是品质。"最后这个客户一拍桌子站起身来就走了。

两天后，这位客户从欧洲飞回来，说一定要马上见陈颖，而陈颖给他的回复是："抱歉，两三天后我才有时间。"后来，这笔生意以双赢的结果成交。

在这场谈判中，谈判对手本想以气势压倒陈颖，但陈颖并没有受到对方的影响，而是始终比较冷静，以从容委婉的态度去应对，简短的几句表达态度的话就扳回了谈判的主动权，最终实现了谈判结果的双赢。

不得不说，双赢始终是聪明的谈判者所追求的目标。纳什均衡告诉我们，当博弈者双方的利益发生冲突时，我们要想方设法进行协调。如果在自己的最大利益得不到满足的情况下，那么，你可以稍微妥协、退而求其次，这种情况总比什么都得不到要强得多。

我们来看看下面的谈判案例：

某客户准备为自己的饭店购进一些桌椅，于是，他和家具公司的代表谈判。

客户："我觉得那套棕色木质家具看起来比较大方，而且我一直比较喜欢木质的东西……"

销售方："请问您的饭店大厅有多少平米？"

客户："我的饭店有100平方米，买二十套这样的桌椅应该能放得下。"

销售方："您看一下这套家具的宽度，放在100平方米的饭店大厅里会不会让剩余的空间太狭窄了，其实主要是我们这里这个展厅比较大，很多人一进来就相中了这套家具，实际上那套小巧玲珑的家具更适合现代餐厅布局的特点，而且价格也比刚才那套实惠很多。"

客户："你说的对，我还是买这套小一点的吧。"

作为销售方的谈判代表，并没有利欲熏心，而是从客户的实际情况出发，及时提醒了客户：购买贵一点的那套木质家具是不适合的。这位谈判者这样说，会让客户从心里感激他，并觉得他是一个具备难得的品质的人，自然毫不犹豫地达成谈判目的。有人说，伟大的销售员总是会在第一时间考虑客户的要求，一旦你掌握了这种方法，你的工作就能够更顺利地进行，并且你做成的不只是一笔生意，还赢得了一名忠实的客户。忠实客户给你带来的利益是不可估量的。

总之，谈判远比一般意义上的沟通更有挑战性，更充满了变数。我们当然希望谈判能顺顺利利地进行，但实际上，因为一些实际因素的存在，谈判双方总会出现一些争端，对此，我们要做的就是解决问题，这是双方都希望看到的结果。

博弈论小贴士：

一场成功的谈判不是制造和消灭问题，而是解决问题，实现共赢。

先摸清对方底细，方能底气十足

在这个商业社会的信息时代，我们时时刻刻都面临着形形色色的谈判。古人云："天外有天，山外有山。"在现代的交涉和谈判中，强中自有强中手。谈判，打的就是一场心理战。等到真正谈判开始，就进入心理角力战。任何一个谈判者都不愿充当傻瓜，双方获胜谈判的出发点是在绝对不损害他人利益的基础上，取得自己的利益。为此，对手往往会隐瞒自己的真实意图和需求以求占据有力谈判地位。而我们若要顺利达到自己的目标，就要先摸清对方的底细，只有这样，在谈判桌上，我们才能底气十足地说话，那么，才能在谈判过程中有的放矢。

有一位姓张的工厂老板，因为公司业务增大，他需要更换一批新的机器，于是，他准备低价处理一批旧机器，他在心中打定主意，在出售这批机器的时候，卖价一定不能低于50万美元。之后，有一个买主前来看货，在双方谈判交易金额时，便对这批机器的各种问题，滔滔不绝地讲了很多缺点，但是这位老板始终一言不发，任凭买家不停地发言。

结果到了最后，买主终于停止了批评，并且突然说了一句话："这批机器我最多只能出价80万美元，再多的话，我就不要了。"于是，这位老板很幸运地多赚了整整30万美元。

案例中，张老板为什么能幸运地多赚取整整三十万美元？人们常说："沉默是金"，谈判中，他保持沉默，始终一言不发，那么，无论买家怎么贬低这些机器，也摸不着他的底细。可以说，是他的冷静起了决定性作用。

在谈判中，一般情况下，双方都站在利益的对立面，谁先暴露自己，谁就最先偃旗息鼓而败退，要想克敌制胜，就先要摸清对方的虚实。

小张是一名电脑推销员，一次，在向某公司的领导推销电脑时，他很好地充当了顾问的角色。

"上次，您谈到电脑的性能可以满足3～5年的需求。这怎么理解呢？"

"使用寿命短，更新太快，是笔记本电脑的最大缺陷，我们希望笔记本电脑能够用得久一点。"

"确实是这样。我记得几年以前，电脑的主频只有200多兆，现在的主频已经到了3.0G，是以前的十多倍。您觉得电脑使用时间的主要瓶颈在哪里？或者说三五年以后，笔记本的哪些配置会成为使用的障碍？"

"我想听听你在这方面的看法。"

"您看看我这几年用电脑的情况您就知道了。我也是前几年买的电脑，但现在的问题是，配置不够高，造成了这几年总是要升级硬盘。事实上，考虑到内存的升级最容易而且价格下降较多，内存现在只要够用就行了，以后可以很方便地升级。为了能够使您的电脑用得时间长一些，因此呢，我觉得您应该在CPU的主频和硬盘方面的配置高一些，显示屏应该使用19英寸的，这样在几年之内都会是顶级配置。"

"你建议的配置呢？"

"您也知道，现在的科学技术发展太快了，以前的奔四马上就要停产了，现在生产的电脑CPU有酷睿双核、弈龙和一些四核高端产品。而且Intel的CPU最近会降价，我建议您采用E5300的CPU。您使用的数据量很大，考虑到以后升级硬盘时要淘汰现有的硬盘，所以我建议您这次的硬盘配到1TB。内存就使用2GB就可以了，屏幕选择19英寸的屏幕。"

"有道理，我就按照你的建议买吧。"

小张对客户的巧妙提问，摸透了客户的需要，这有利于正确地向客户介绍产品和推销产品，使得后面的销售工作容易得多。

当然，要想摸清对方的底细，首先，我们要有一定的观察能力，这样，你就能通过眼神、动作来知晓对方的心理。其次，我们还要做好资料收集工作，掌握对手的信息越多，战胜对手的可能性也就越大。另外，我们还可以通过故意采取一些措施，来使对方现原形。总的来说，一个有博弈智慧的人，总是能找到对手的软肋，从而增加自己谈判成功的砝码！

博弈论小贴士：

知己知彼百战百胜，谈判中更是如此，要想掌控谈判局势，我们最好多做准备工作，多观察和了解对手，摸清对方的底细，我们在谈判中才更有把握！

退一小步、进一大步的谈判技巧

聪明的博弈者都知道，从利益的角度看，双方都希望获得一种公平公正的协议方式，但事实上，在谈判桌上，面对一些棘手的利益冲突问题，双方常常会就某个问题争执不下，不肯妥协。例如，在国际贸易中的交货期长短问题；最终的价格条款的谈判问题等，此时，作为一方利益的代表者，如果你死守自己的立场，不肯退步的话，那么，你迎来的不是谈判的失败就是僵局。

一般来说，参与谈判的人都身兼重任，因此，很多时候，他们不太敢用退出来要挟对方，生怕谈崩了弄得鸡飞蛋打。而谈判老手都会"不择手段"地揣摸对方的真实意图，摸清了底牌，就掌握了谈判的主动权，这时以什么方式取胜，便是技术问题了。暂时离开谈判桌，也就是说，以退要挟达到进的目的，就是常用的一种。

巴拿马运河最初并不是由美国开凿的。19世纪末，法国有一家公司跟巴拿马共和国签订了合同——在巴拿马境内开一条通往大西洋与太平洋的运河。主持该工程的总工程师是因开凿苏伊士运河而闻名世界的法国人雷赛布，他自以为对此驾轻就熟，然而巴拿马的环境与苏伊士有很大的差异，工程进度十分缓慢，资金也开始短缺，公司陷入了窘境。

美国早在1880年就想开凿一条连贯两大洋的运河，由于法国抢先一步与巴拿马共和国签订了条约，美国极其懊悔。在这种情形下，法国公司的代理人布里略访问了美国，以1亿美元的价码向美国政府兜售巴拿马运河公司。事实上，美国早已对此垂涎三尺，知道法国拟出售公司更是欣喜若狂。然而，美国却故作姿态，西奥多·罗斯福指使美国海峡运河委员会提出报告，证明在尼加拉瓜开运河更省钱——在尼加拉瓜开凿运河费用不到2亿美元，在巴拿马运河的费用虽然只有1亿美元，但加上另外要支付收购法国公司的费用后，全部支出达2.5亿多美元。从支出费用上来看，当然是在尼加拉瓜开凿运河更划算。

布里略看到美国海峡运河委员会提供的这一报告后大吃一惊。如果美国在尼加拉瓜开凿运河，法国岂不是一分钱也收不回来了吗？于是他马上游说美国，表明法国公司愿意削价出售，只要4000万美元就行了。通过这种欲进先退的方法，美国就少花了6000万美元。

罗斯福又故伎重施，他指使国会通过一个法案，规定美国如果能在适当时期与巴拿马共和国政府达成协议，就选择巴拿马，否则，美国就选择尼加拉瓜开凿运河。

这样一来，巴拿马共和国也坐不住了，驻华盛顿大使马上找美国国务卿海约翰协商，签订了一项条约，同意以一定的价码长期租给美国运河两岸各宽3公里的"运河区"，美国需每年另付租金。

西奥多·罗斯福成功地运用以退为进这一谋略，轻而易举地就截取了巴拿马运河的开凿和使用权。可见，离开谈判桌，交易筹码通常只多不少。可见，谈判中，我们不要画地为牢，误以为因为这是谈判，就非得谈不可。其实，离开谈判桌，并不是你不想做成这笔交易，有时候，这反倒是成交的有效手段。

谈判过程中，只要我们能掌握对方的底牌，懂得退一步的话，那么，必当能置之死地而后生，获得更大的进步。但在使用这一策略的时候，我们需要注意以下几条法则：

谈判法则一：一定要充分利用各种手段进行造势，在外部环境中给对方形成压力和动力。

谈判法则二：处在被动状态时，一定要想办法给自己一个调整的时间和空间。

当谈判处于僵局就需要一个退步，你可以先告诉对方，由于该项目比较重要，拍板权并不在你的手里，你做不了主。多数时候僵局不是因为根本性的原则问题，而是面子问题，你一软下来，给了对方面子，对方也就软下来，再一起吃吃饭聊聊天，气氛一缓和，往往也差不多了。

谈判法则三：不能急于求成。

对于今天不谈下来明天就属于其他人的"项目"，谈之前一定要清楚自己的底线，在范围内妥协让步，如果超出了底线，干净利落放弃，不要纠缠；而如果"项目"是你眼中的璞玉、别人眼中的石头，就可以慢慢谈，计算得失优劣。

博弈论小贴士：

在利益冲突不能采取其他的方式协调时，聪明、恰当的运用让步策略是非常有效的工具。但无论如何，千万不能顺着对方思路走，一定要有自己的主见，让对方跟着你的思维。

装装糊涂，避开谈判雷区

无论是商业还是政治或者是其他活动，都离不开谈判，通过谈判而达成一致意见，签订协议并通过认真履行使双方获益。而谈判行为是一项很复杂的交际行为，它伴随着谈判者的言语行动、行为互动和心理互动等多方面的、多维度的错综交往。

谈判过程中，你能否成功识别出对方的现实动机和长远目的、对方派出人员的权限乃至其心理状态、个性特征等，在很大程度上能影响着谈判的成败与否。

美国谈判学会主席、谈判专家尼尔伦伯格说，谈判是一个"合作的利己主义"的过程。而谈判的最终结果是，双方都必须按照谈判结果行事，这就要求谈判者应以一个真实身份出现在谈判行为的第一环节中，去赢得对方的依赖，继以把谈判活动完成下去。而事实上，我们都知道，谈判是一场博弈活动，博弈的参与者也就是谈判双方都希望谈判结果能利于己，谈判者又很可能以假身份掩护自己、迷惑对手，取得胜利，这就使得本来很复杂的行为变得更加真真假假，真假相参，难以识别。

同时，谈判中，对方说的每一句话对于我们来说，都可能是一个"套儿"。从这个角度看，我们在谈判的时候，只有随时保持谨慎，一旦发现对方的陷阱，就要迂回处理，绕开雷区，才有可能反败为胜，取得谈判的主动权。

在美国某乡镇有一个由 12 个农夫组成的陪审团。有一次，在审理了一项案件之后，陪审团中的 11 个人认为被告有罪，另一个人则认为被告不应该判罪。由于陪审团的判决只有在其所有成员一致通过的情况下才能成立，于是这11个农夫花了一整天的时间，想说服那位与众不同的农夫改变初衷。此时，天空中忽然乌云密布，眼看一场大雨就要来临，那11个农夫都急着要在大雨之前赶回去，好把放在屋外的干草收回家去，可是，这时候另外那个农夫却仍旧不为所动，坚持己见，11 个农夫个个都急得像热锅上的蚂蚁。他们的立场开始动摇了，最后，随着"轰隆"一声雷鸣，这11个农夫再也无法等下去了，他们转而一致投票赞成另一个农夫的意见：宣告被告无罪。

在这一谈判案例中，这位以胜利的农夫在面对强大的谈判阵容的时候并没有轻易就范，而是利用了其他农夫都急于结束谈判的心理，向他的对手们展开心理攻势，让对手急得像热锅上的蚂蚁，最终，在忍无可忍的情况下，这群农夫放弃了自己的立场：宣布被告无罪。

一场谈判就是一次博弈，要了解那么多的材料，并进行综合、分析、推理、决策，大家都没长前后眼，不能未卜先知，如果你一不小心，就会陷入对方设定的陷阱中，为此，学会装糊涂，巧妙反击就很重要。

可见，谈判中，在遇到对方的语言雷区时，我们一定要沉着冷静，应用迂回的策略，保护自己的利益，取得谈判的胜利，如果正面回答，那么，很可能就撞在对手的枪口上。

总之，我们需要明白，谈判是富有竞争性的合作，虽然不是战争，不是你死我活，你输我赢，但是谈判也绝不是找朋友，推心置腹。在谈判对策中声东击西，迂回式说话也是自我保护、扰乱对方方寸的博弈策略，更是谈判高手的惯用技巧！

博弈论小贴士：

任何谈判都是双方博弈的过程，我们所希望的最终结果当然是不能损害自身利益的，抱着同样的心理，对手很有可能会为你设下陷阱，为了不伤和气，最好的方法就是装糊涂，绕开陷阱！

打好时间战，别急于求成

无论是博弈还是谈判，参与者都希望能高效率地达成合作、促成皆大欢喜的结局。但一宗交易的实现，有时候并不是我们一厢情愿的。为了使自身利益不受损失，人们都会思虑再三，也有一些人在谈判中为了赢得主动而故弄玄虚。所以，谈判中，心急吃不了热豆腐，你在言谈中不可表现出自己急于成交的情绪，如果遇到沟通不顺的情况，就显得急躁不安，那么，时机没把握好反而会让所有努力都白费，导致功败垂成。

另外，有人说，谈判与博弈有时候打的就是时间战，谁先坐不住、谁表现得急躁，谁就输了。

王飞是一名保险推销员。最近他得知，某公司董事长杨先生正在市郊购买了一套别墅，还没有上保险。这天，王飞来杨先生家推销保险。可是，却遇到了这样的事情：

杨先生的儿子很调皮，父母出门后，让他在家看电视，可是回来的时候，却发现，小家伙不见了，这可吓坏了杨先生和他太太。于是开始分头去寻找。他们还报了警，郊区本来就很大，找个小孩更是很难，但还好，警察和周围的一些居民也开始帮忙寻找。

王飞看到这一幕，认为这正是推销人身和财产保险的时候，于是他凑到杨先生跟前，开始推销他的保险，当时杨先生很生气，没好气地说："拜托，等我把儿子找到再说好吗？"

谁知，王飞很不识时务，不但没有帮助杨先生找孩子，反倒继续喋喋不休地大谈保险的种种好处。这下可把杨先生气坏了，他太太更是生气，杨先生忍无可忍地对王飞大吼："你如果肯帮忙把我儿子找回来，那么保险业务的事情咱们日后找个时间再谈。但是，我警告你，你现在要是再跟我提什么见鬼的保险业务，就请你先滚出去！"推销员王飞被客户杨先生说得面红耳赤，夹着公文包灰溜溜地走了。

事后找到儿子的杨先生越想越生气，甚至开始痛恨这个根本不关心别人安危，只知道推销保险的王飞。当他打听到王飞的底细后，由于好歹在商界有一定的名声，他跟很多经理和老板打了招呼，绝不买王飞推销的保险，这下王飞的业务就可想而知了。

情景中的保险推销员王飞在销售行业有如此结果，是因为他太急于求成。首先，他推销的时机就不恰当，客户杨先生当时十万火急，可是王飞却不知深浅，向客户推销保险，让杨先生很反感；其次，当杨先生希望他能帮助自己找儿子时，他不但没有考虑到客户的感受，反倒继续喋喋不休地推销，这让客户更加生气，可见，是王飞自己断送了自己的销售之路。相反，如果销售员王飞在客户丢失孩子的情况下，细心地帮助杨先生找到孩子，客户一定心存感激，事后再商量保险的事，说不定结果会大大不同。

急功近利，行事冲动，是很多人谈判失败的重要原因。他们一旦遇到对手的拖延战术，便显得急躁不安，继而失去原本守住的有利地位。而这一点，更是一些经验尚浅的年轻人的通病。要克服急躁，需要我们培养自己的忍性，沉着冷静，学会冷处理。

很多时候，我们与谈判对手的较量，就是心理的较量，谁先缴械投降，谁就输了。然而，我们不得不说，任何人都是有情绪的，但无论如何，在谈判中，我们们都不能因为自己的急躁情绪而暴露自己，让对手有机可趁。

为此，在面对对方的催逼情境下，就可以坦言："我还需要仔细考虑，请给我一点时间。"只要能够把这句话大胆地说出口，不仅可以省去许多麻烦，也是提高冷静应对能力的重要手段。而从逻辑上讲，这也是谈判的战术之一。这种战术要求，当一方逼迫另一方马上作出一项决定而这一方又无法当机立断时，就要清楚明白地向对手说明自己不能在顷刻之间作出这项决定，并附之以不能决定的理由。只要言之成理，大多会得到对方的谅解。即使当时没有得到对方的谅解，也向对方表明了自己不是一个态度暧昧、优柔寡断的人。这个时候，自己在谈判中就会处于相对主动的位置上。

博弈论小贴士：

欲速则不达，谈判中也是一样。所以，无论你所处的谈判情境是怎样的，都要保持心态的平和，切不可得意忘形，喜形于色，也不可急功近利，只有做到心中有数、以静制动，才能不被对方左右，从而把握谈判的主动权！

谈判活动中的报价学问

在商场的谈判过程中，很多时候，谈判的中心都是围绕"产品"和"价格"在转。而如何报价这个问题对于每个谈判人员来说，都是很重要的一环。如果我们的报价满足对方需求，符合市场行情，那么，交易的达成率将大大增强；反之，生意失败率也将非常高。可以说，报价在一定意义上决定了我们价格谈判的成败。

某公司老总要为员工们更换一批新电脑，于是，他来到电脑城，走进一家店内。接待他的是一位诚实、厚道的销售员，公司交给他的底价是每台电脑3200元。他看了几款电脑后，开始询问起电脑的事情来。

客户："你这款电脑怎么卖？"

销售员："您如果要，我给您便宜点，每套就3300元。"

客户："台式电脑还这么贵？3000元行吗？"

销售员："不行，我看你好像是要买好几十台，已经是以最低价给你了。"

客户："是啊，我一下子就要20台，你再给便宜点。"

销售员："您要得再多也是这个价，真的不能再少了。"

客户："也不让点价，你们要不要做生意啊？"

销售员："那就给你3200元。"

客户："就3000元。"

……

这桩生意的结果可想而知。因为这位销售员刚开始报价就不合理，一开始便将价格报得太低，那么，价格谈判的主动权就被客户占据了，销售是很难成功的。如果他把价格定在3500元或是3800元，那么，他就会有许多谈判的空间。也许这名销售员只是想以较低的价格快速交易，但却适得其反。

无论是买方还是卖方，我们的立场是以理想的价格成交。然而，没有不讨价还价的买方，所以我们要有技巧地报价，那么在这个过程中我们应该如何做？又该注意什么呢？

1.报价原则

报价也是有原则的，报价时，我们必须有底线，切不可随心所欲，一般来讲，报价的原则主要有以下两种：

①报价不能太低。

案例中的电脑销售员就犯了一个报价过低的错误，可能他的本意是以合适的价格迅速成交，但在客户看来，却以为还有降价的空间。另外，如果我们报价过低，也会让对方对产品产生误解，认为产品质量不过关而放弃购买。

所以，作为卖方，我们第一次报价的多少，直接影响着对方对产品的价格衡量。即便是想"薄利多销"，我们也要留下一定的价格空间，最好可以在低价和理想价格之间找到一个中间价，将报价定在这个中间价之上一些。这样不仅能扩大谈判空间，还能获得更多的利润，从而保证价格谈判工作能顺利进展。

②报价要在合理范围内，不可太高。

虽然做生意要尽可能地报高价，但是如果价格不切实际，也会引起买方的抵制情绪，甚至给买方留下漫天要价的不良印象。所以，我们的价格要维持在一个合理的范围之内。除非你有充分的理由来证明价格的合理，比如强调附加值，让买方感觉的确物有所值。

③选择合适的报价时机。

在谈判中，报价时机成熟意味着交易已经完成了一半，关键在于如何能找到这个关键点。大量谈判者的经验表明，最佳的报价时机必须具备下列两个条件：

首先，买方对产品有充分的了解：

其实买方都会对产品价格产生异议，这也是人们购买产品时，普遍存在的心理。只有在他了解产品的具体情况后，能够理性地看待产品价格了，这时候再报价效果会更好。

其次，买方对产品有强烈的购买热情：

如果买方的购买热情并不强烈，除非是价格很有吸引力，否则，我们主动报价，对方也会不为所动。倘若价位对买方来说比较贵，那么，这单生意肯定会泡汤。

2. 掌握一些成功报价的技巧

我们首先必须掌握一些报价的基础技巧，这些技巧主要体现在以下几个方面：

①价格分解法报价。

这种方法是将整个产品的价格以小单位来报价。打个很简单的比方，如果你购买一台电脑需要5000元，你可以这样告诉对方：你这台电脑的使用年限是十年，也就是一年才500元，一天才不到两元钱，非常划算。

②突出产品价值法报价。

如果能让买方感觉物有所值，报价也就不再是问题了。

③模糊报价法。

模糊报价有时候是出于商业机密的需要，有时候却也是一种有效的报价技巧。模糊性报价一般以整数的形式出现，他通常会比实际价格要低一些，主要是为了吸引对方的注意力，争取机会，顺利进入谈判阶段。在谈判中随着产品价值等因素的一次次强化，对方也就非常容易接受实际价格。

利用这些技巧，相信我们的价格谈判工作一定能顺利地开展。要注意的是，无论生意是小是大，我们都要做长线生意，不能乱开价，也不能咬死不让，这样我们才能把产品卖出满意的价格，同时与买方保持良好的关系。

博弈论小贴士：

价格谈判中的报价是一门学问，也是谈判中重要的一环，合适的报价才会让谈判有继续下去的可能。

第13章

管理博弈——无为而治，井井有条

现实生活中，没有人能脱离组织而单独生存，现今社会，社会分工的逐渐细化，更证明了单打独斗不可能成功的道理。然而，仅仅有了组织还是不够的，没有管理的组织就如同一盘散沙。任何一个组织的领导者都应该把学习管理当成日常功课之一。当然，管理的核心是人员的管理，因为任何事情都需要人去做，任何计划都需要人去执行。也就是说，管理本就是一场人与人之间的博弈活动。因此，作为管理者，在管理工作中，一定要运用博弈的智慧，管理好组织的成员，并注重"人"的因素，管理好"人"，才能将企业或组织管理得井井有条。

管理需要部署到位

我们都知道，生活中处处充满博弈，对于企业的管理人员也是如此。在企业管理的工作中，需要我们有一定的战略眼光，懂得部署。只有明确目标，我们的管理工作才更有方向和成效。相信我们都有这样的感慨：工作中如果我们找不到准则和目标，那就无法对自己的工作产生信心，也无法全神贯注。为此，作为管理者，我们在管理工作中，也要为自己和员工的工作设定一个明确的目标。只有这样，无论是我们自身还是员工，都更有工作动力和效率。

我们先来看下面这样一个寓言故事：

从前，有一个小和尚，他在寺庙里的任务就是撞钟，半年过去了，小和尚还是和刚开始一样重复着每天的工作，但他觉得无聊至极。

有一天，寺庙方丈对小和尚说："从今天起，你不用撞钟了，去寺庙后院劈柴吧，我的觉得这个工作不适合你。"小和尚很不服气地问："为什么？我撞钟难道不准时，不响亮？"

老住持耐心地告诉他："钟声是要唤醒沉迷的众生．你撞钟虽然很准时，但钟声空泛、疲软，缺乏浑厚悠远的气势，因而就没有感召力。"小和尚没办法，只好到后院去劈柴挑水。

这里，小和尚"做一天和尚撞一天钟"固然没有起到撞钟之作用，但我们并不能将全部罪责归于小和尚一身，方丈在小和尚从事这一工作之初，并没有告诉小和尚该如何敲，要达到什么效果。如果小和尚进入寺院的当天就明白撞钟的标准和重要性，他也不会因怠工而被撤职。

这个寓言故事告诉所有的管理者，工作标准和目标是员工工作和行为的方向盘，缺乏它们，往往导致员工失去前进和努力的方向或者导致其努力方向与企业整体方向相背离，造成大量的人力和物力资源浪费。因为缺乏参照物，时间久了员工容易形成自满情绪，导致工作懈怠。索尼创始人盛田昭夫就是个善于为员工制订明确目标的管理者：

我们都知道，索尼公司首先研发了收音机，对此，有这样一段故事：

刚开始，当公司决定"造一部录音机"时，索尼的研发人员都感到目瞪口呆，因为在他们看来，这是一件不可能的事，并且，他们对收音机的原理、构造一无所知，但最后，这个看似荒唐的工作却被他们完成了。

刚开始研发的时候，因为从没涉及这个领域所以大家好像找不到头绪。但这项研发工作的一个优势就是：这是一项有目标的研究，一切只需要一步步接近目标即可。

后来，盛田昭夫在开发家用录、放像机时也是如此：先给自己的研发人员寻找到目标，然后引导他们进行开发。

这些研发人员他们把基础物理、基础化学这些基础科学和应用物理、应用化学这些具体知识糅合在一起，由基础研究走向应用研究，从每一个部件着手，潜心研究，细致开发，最后终于取得成功。

后来，当美国几家主要的电视台开始使用录像机录制节目时，索尼公司也看好这一新产品的市场，并认为只要稍作改良，就能进入千家万户。

于是，索尼公司的开发人员又有了新的奋斗目标。他们发现，现有的美国产品，外观笨重、价格昂贵，这应该是改良的主攻方向。随后，新的样机被一台接一台造出来，一台比一台更轻盈、小巧，离目标也越来越贴近。当然感觉上，井深大老是觉得没到位。最后，井深大拿出一本厚厚的书，放到桌面，对开发人员说，这就是卡式录像带的大小厚薄，但录制时间应该在一小时以上。

这样，目标就已经非常具体了。开发人员再一次运用了掌握的基础知识，结合应用科学，调动自己的聪明才智，进一步开发自己的创造力，终于成功研制出了一种划时代的录、放像机。

可见，作为管理者，为员工设定一个明确的工作目标，并向他们提出工作挑战，会使员工创造出更高绩效。目标会使员工产生压力，从而激励他们更加努力工作。相反，如果员工对组织的发展目标不甚了解，对自己的职责不清，没有明确的工作目标，必将大大降低目标对员工的激励力量。

那么，管理中，我们该如何部署工作呢？

1. 找出正确的目标，统一管理

目标明确性，是企业发展战略的首要特征。目标明确，不仅是制订企业战略时"全局高于局部"的一般要求，更是今天的市场环境与金融危机这种特殊的形势下，对管理者的特殊要求。

2. 善于为员工明确他们的工作目标

在管理者给员工明确工作目标时，应以SMART为要求。S-specific（特定）、M-measurable（可衡量）、A-agree（双方同意）、R-realistic（现实）、T-time（时间限制）。SMART目标就是指这个目标一定要特定，要可衡量，要双方都同意，要现实可以完成以及要有时间限制。将工作目标明确到了这个程度，推诿、拖拉的现象也就不容易发生了。

博弈论小贴士：

站得高才能看得远，任何一名管理者，都要学会高瞻远瞩，并为组织、自己乃至员工量身订制一个合理的、远大的目标。

零和游戏——成就感让企业与员工实现"双赢"

我们都知道，一项游戏中，游戏者有输有赢，一方所赢正是另一方所输，游戏的总成绩永远为零。就如解说足球比赛时，韩乔生所说的："统计数字显示，到目前为止，进求数目居然和失球数目惊人的相同。"有一个进球自然就有一个失球，总数当然始终是零。这就是我们前面所说的"零和游戏"。也就是说，自己的幸福是建立在他人的痛苦之上的，二者的大小完全相等，因而双方都想尽一切办法以实现"损人利己"。零和博弈的结果是一方吃掉另一方，一方的所得正是另一方的所失，整个社会的利益并不会因此而增加一分。

但随着时间的推移，20世纪，人类经历两次世界大战、经济高速增长、科技进步、全球一体化以及日益严重的环境污染，"零和游戏"观念正逐渐被"双赢"观念所取代。人们开始认识到"利己"不一定要建立在"损人"的基础上，通过有效合作皆大欢喜的结局是可能出现的。

其实，在管理工作中，也是可以从"零和游戏"走向"双赢"的，但如何实现这一点呢？前提是企业管理者要让员工看到自己的价值和能力，能够让员工强烈地感觉到工作的意义。进而产生一种积极向上的工作热情。

上海有一家大型的外企，有一次筹备一个非常重要的研究项目。这个项目的主管名叫杰克森，但还有其他工作的他把这项工作交给了他的得力助手玛利亚。

玛利亚是一名有能力的员工，很受杰克森的重视。杰克森告诉玛莉亚，这项研究需要5个月的时间。如果这项任务完成得很好，那么公司将在完成任务之际给她升职。在此期间，杰克森密切关注玛莉亚的工作进度。一切如他所愿，没有出现任何问题。

可是，让他纳闷的是，3个月后，这项项目已经逐渐接近下半阶段了，玛利亚请示杰克森："杰克森，我觉得自己的工作太没有意义了，我根本看不到自己的任何成果，我没有把握把它做好，所以我决定不做了。"

这让杰克森非常吃惊，他不明白最棒的员工为什么会这样"糊涂"，竟然推掉一项完全在她能力之内的工作。在杰克森的追问下，玛利亚道出了自己的真实想法："你将这项有挑战性的工作给我做，给我晋升的机会我很感激。但是我已经工作了3个月了，却看不到任何的成果。我不知道我到底做得怎么样，不知道我的工作进度是很棒还是仅仅尚能接受……这么长时间，我一直处于不确定的迷雾中。我本来打算彻底完成这项工作，但我无法忍受这其中的压力，我只能做出改变了。对不起！让你失望了。"

这一案例中的主人公玛利亚为什么要放弃一项人人羡慕的晋升职位？因为她看不到自己的工作成果，一股无形的压力让她不得不放弃。

的确，现实工作中，如果一个人遇到了这种情况，那么，他就无法从工作中获得一种成就感、喜悦感，自然也看不到自己该努力的方向，也找不到自己应该做怎样的修正，工作对于他来说也就毫无意义了。

任何一个员工，他们都渴望自己能看到实实在在的工作成果，这是他们自我价值的体现，他们会从中体验到自我满足感和自豪感。因此，作为管理者，如果想让员工感知到工作的意义，就必须用"工作成果"从精神上满足他们，使他们在精神上有所收获，而企业获得的，就是员工高效率的工作。

不得不承认，现代社会，很多企业，员工们缺乏工作热情，他们每天都在单纯地重复那些工作，工作毫无成效，长此以往，除了每月按时发放的薪水可以燃起他们的激情外，他们找不到工作的意义何在。其实，这一工作状态是极具杀伤力的，它可将一个人的工作积极性和原动力降至零，抑或最终使其"无所为而不为"。所以，看到自己的工作成果，正是每位下属工作的意义所在。任何没有成果或者成果甚微的工作，都只是一种机械的重复，这对于企业和个人，都是一种价值的湮灭。

博弈论小贴士：

每一个管理者，都应该让员工及时看到自己的工作成果，帮助他们找回工作的热情，让原本枯燥无意义的工作，变得有吸引力。这无论对于企业还是个人，都是一项双赢的工作。

企业用人之道——让员工人尽其用

中国人常说："一个和尚挑水喝，两个和尚抬水喝，三个和尚没水喝。"其寓意是：办一件事，如果没制度作保证，责任不落实，人多反而办不成事。三个和尚为什么没水喝？因为三个和尚属同一种心态，同一种思想境界，都不想出力，想依赖别人，在取水的问题上互相推诿，结果谁也不去取水，以致大家都没水喝。其实，三个和尚也可有水喝，只要稍加组织，订立轮流取水的制度，责任落实到人，违者重罚，这样就有水喝了。同样，在现代企业中，如果管理者在用人中能做到责任到人、人尽其用，那么，就能避免这种资源配置不合理的现象。

我们再来看下面一个管理故事：

有一家企业，想要提高生产效率，欲淘汰一批落后的设备。

于是，董事会一些高层领导开会商议。

有人说："我们不能扔掉这批设备，应找个地方存放。"于是专门为这批设备建造了一间仓库。

又有人说："我们不能完全依赖防火栓，万一真的起火了，就麻烦了。"于是找了个看门人看管仓库。

又有人说："看门人没有约束，玩忽职守怎么办？"于是又委派了两个人，成立了计划部，一个人负责下达任务，一个人负责制订计划。

接下来，又出现了一些其他的声音。

"我们应当随时了解工作的绩效。"于是又委派了两个人，成立了监督部，一个人负责绩效考核，一个人负责写总结。

"不能搞平均主义，收入应当拉开差距。"于是又委派了两个人，成立了财务部，一个人负责计算工时，一个人负责发放工资。

………

一年之后，董事会说："去年仓库的管理成本为35万元，这个数字太大了，你们一周内必须想办法解决。"

于是，一周之后，这些人都被解雇了。

其实，现代企业，这样的现象有很多，在企业内部，常有一种不因事设人而因人设事的倾向，造成的结果就是企业机构繁杂、人员冗杂、效率低下、管理不严的现象，有具体表现为：机构设置过多，人员过多、分工精细，这样，企业运作起来就更繁杂，所谓"船小好调头"，企业机构繁杂只会使企业失去灵活性，无法随时应对市场变化调整策略、竞争力也不足。

为此，作为企业管理者，如果想提高员工的工作效率，避免出现一些责任推诿的现象，那就应该从明确责任开始，光停留在口头上不行，还必须要做到：

1. 为企业"瘦身"

汤姆·彼德兹曾经在一本书中提到了"五人规则"，指的是营业额在10亿美元的企业配备5名管理人员就可以了。管理者要想减少工作时间和成本，就必须做到精兵简政，减少不必要的管理人员。

美国通用汽车公司（GM）总裁约翰·史密斯说，通用汽车在欧洲的事业取得成功，也正是因为他改变了以往的做法，采取了类似精"瘦身"。

2. 建立规范，细化责任

你布置的任务，有时候，并不是一个下属去完成，此时，在布置任务时，管理者一定要责任明确，不能有重叠的部分。

要做到这一点，管理者可以通过订立严格的管理制度的方法，以规范员工的行为。这样，每个岗位上的员工都能清楚自己的任务，该干什么，该怎样干，该向谁汇报工作等。

建立合理的规范，员工就会在规定的范围内行事。

3. 不应干涉员工完成任务的方法

作为管理者，你的工作就是分配任务，然后关注员工完成的结果，而不是干涉员工完成任务的方法。简单点来说，你只需要员工知道你要求做什么和达到怎样的结果，而下属采用何种方法则由他们自己去决定。

真正的授权便是着眼于目标，并给下属完全的自由。实际上，员工对于如何达到工作目标是有自己的想法的，让他们自己做出选择，才可以增进你与员工之间的信任和相互依赖。

4. 允许下属参与授权的决策

每一项权力在授予的时候，就应该与限制相伴而生，领导者对下属下放权力时，应该把权力范围限制在这一项任务上，而不是无限制的。

那么，下属完成这项工作需要多大的权力呢？该如何衡量呢？最明智的举措便是让下属参与到这项决策中来，让员工自己给出意见。但你还必须注意：人们都是希望自己的权力越大越好，但实际上，这会降低授权的有效性，此时，管理者的把关就显得更为重要了。

5. 允许失败

任何人的成长、成功都离不开挫折与失败，作为你的下属，也只有在失败中，才能得到锻炼的机会。因此，作为管理者，不要因为员工失败就处罚他们。作为当事人，员工此时已经深感愧疚和难过了，你应该更多地强调积极的方面，鼓励他们继续努力。同时，帮助他们学会在失败中进行学习，和他们一起寻找失败的原因，探讨解决的办法。批评或惩罚有益的尝试，便是扼杀创新，结果是员工不愿再做新的尝试。

博弈论小贴士：

要想铲除这种人员冗余和工作效率低下的现象，管理者必须精兵简政，寻找最佳的人员规模与组织规模。这样才能构建高效精干、成本合理的经营管理团队。

意见互通，平等交流

现代社会，随着市场竞争的不断升级，有效的内部沟通已经成为企业成功的关键因素之一。通用电气公司前总裁韦尔奇曾说："现代企业必须使公司更团结、更容易与人沟通，并鼓励员工同心协力为越来越挑剔的顾客服务，这样才能成为真正的赢家。"然而，任何沟通都必定涉及交流双方，单方面的意见传达并不能起到任何沟通效果，也就是说，要做到高效沟通，就必须要实现意见互通交流。

那么，如何实现真正的意见互通呢？这就需要身为管理者的我们放下架子，真正尊重员工，做到平等视之。否则，沟通也就成了形式主义和走过场。

现实生活中，每个人都渴望获得他人的尊重认可，这一点，无论是国家元首还是流浪汉、乞丐都无一例外。同样，作为现代企业和组织的员工们，也希望能通过平等的交流获得上级和领导者的认同。任何交流，只有建立在平等的基础上，才会取得应有的成效。

许多企业已经认识到沟通的重要性并强调沟通，却往往忽视有效沟通渠道的建立。在企业中，信息的交流主要有三种：上传、下达、平行交流。前两种是非平等交流，后一种总体上是一种平等交流。要想扩大沟通的有效，就需要把平等的理念注入前两种交流形式中去。

不得不承认，很多企业都有个巨大的沟通问题——言路不畅，的确，当管理层次逐步增加，基层的声音就很难传达到高层管理者那里。而要解决这些问题，最好的方法就是打破上下级之间的等级壁垒，实现尽可能的平等交流。而在沃尔玛，这一信条得到了完美的体现。

在沃尔玛公司，高官们一直强调要倾听基层员工的意见，无论是过去的小公司还是现在不断扩大的规模。

沃尔玛实行"门户开放"政策，这个政策的含义是：在公司内，在任何时间、地点，也包括任何人都有发言的权利和机会。而且，发言的形式也不限，可以是口头的，也可以是书面的。意见的内容可以是自身利益问题、看到的不公平的待遇等，只要是可行的意见，就有可能被公司采纳或得到解决。

沃尔玛公司的董事长沃尔顿先生是个彻底贯彻这一原则的人，他经常接见来自底层的职工，并总是很耐心地听对方把话说完，如果对方所陈述的话属实，那么，他一定会想方设法解决。同时，他要求公司每一位经理人员认真贯彻公司的这一思想，并要付诸行动，而不是做表面工作。

沃尔玛重视对员工的精神鼓励，在沃尔玛总部和分店的橱窗中，都能看到那些先进员工的照片，对于特别优秀的管理人员，会被授予"山姆·沃尔顿企业家"的称号。

沃尔顿经常在公司的股东大会上强调一点：员工是"合伙人"。沃尔玛公司拥有全美最大的股东大会，每次开会，沃尔玛都要求有尽可能多的部门经理和员工参加，让他们看到公司的全貌，了解公司的理念、制度、成绩和问题，做到心中有数。每次股东大会结束后，沃尔顿都会邀请所有出席大会的员工约2500人到自己家里来举办野餐会。

在野餐会上，沃尔顿与众多不同层次的员工聊天，大家畅所欲言，交流对工作的看法，提出对公司的建议，讨论公司的现状和未来。每次股东大会结束后，被邀请的员工和没有参加的员工都会看到会议的录像，而且公司的刊物《沃尔玛世界》也会对股东大会的情况进行详细的报道，让每个员工都能了解到大会的每一个细节，做到对公司切实全面的了解。沃尔顿说："我想通过这样的方式使我们团结得更紧密，使大家亲如一家，并为共同的目标而奋斗！"

沃尔玛正是这种视员工为合伙人的平等精神，造就了沃尔玛员工对公司的强烈认同和主人翁精神。在同行业中，沃尔玛的工资不是最高的，但他的员工却以在沃尔玛工作为快乐，因为他们在沃尔玛是合伙人。

总之，作为一个管理者，要有极的沟通意识，并做到积极开通顺畅的沟通渠道，这样，就"下恒苦上之难达，上恒苦下之难知"的情况在最大程度上也就可以避免了。

博弈论小贴士：

企业管理者要在企业内部建立一种平等的沟通机制，这样，上下级之间、各个部门之间的信息能形成较为对称的流动。

奖罚分明，管理才更高效

我们发现，任何一家企业，无论成功还是失败，都有其原因，并且有其共性的原因，成功的共性是企业员工工作积极性高涨；失败的企业也有共性，那就是大多企业员工积极性差。由此看得出，员工工作积极性是企业成功关键因素之一，而影响员工积极性的原因有很多，奖罚分明无疑是其中的一个重要因素。奖励和惩罚都是激励实施中不可或缺的手段，对员工的成长和发展都有积极的作用。

但是我们现实中的很多公司却不明白这个道理。比如很多公司的奖惩制度上写着："所有员工应按时上班，迟到一次扣50元，如果迟到60分钟以上，则按旷工处理，扣100元。"国外有弹性工作制，即不强求准时，但是每天都必须有效地完成当天工作。但很多情况是，即使有人迟到、早退、被扣除工资，可在实际工作中很有可能并不是努力工作，其因扣除工资而产生的逆反心理导致的隐性罢工成本反而有可能高于所扣除的工资。从表面上来看，管理者似乎赚得了所扣工资的钱，实际上是损失更多。所以说，这并不是一个有效的奖罚激励制度。

奖励是正面强化的手段，是对某种行为给予肯定，使之得到巩固和保持；而惩罚则属于反面强化，是对某种行为给予否定，使之逐渐减除。这两种方法，都是管理者驾驭员工不可或缺的手段。

三国时期杰出的军事家诸葛亮执法严明，赏罚分明。对于以私废公、放肆专权的李严、廖立等，均绳之以法；而对于严明守法、廉洁自律的官吏，如蒋琬、费祎等，则大加褒扬、一再提拔。正因为诸葛亮以法治军、赏罚分明，因而蜀军士气旺盛、战斗力相当高。

其实，不仅古人需要非常重视治军方面的法纪严明，当今社会，任何一个管理者，在管理下属这一问题上，你也必须要做到赏罚分明。赏罚的关键是：要严明、公正；"赏不可不平，罚不可不均"；不分人的贵贱，谁有功就赏谁，谁违纪，哪怕是"皇亲国戚"也要严格惩罚，这样做，不能能从正、负两方面来激励下属，更能树立你在下属心中的威信。

接下来，我们再看是怎么做的：

陈云在市里某机关单位工作，他一向是个刚正不阿的领导。

有一次，单位有批办公器材需要拉到维修部门去维修，而他工作的单位地点与维修部门之间有很远的距离，为了保障这批器材的安全，陈云让秘书小周陪同司机老王一起去。小周一直是个办事谨慎的年轻人，这也是为什么陈云让他去的原因。

没想到的是，卡车行至半路的时候，突然下起了雨。路上的行人一看下雨了，就一个个慌乱地躲雨，也没有注意到红绿灯，就在这时，老王一个急刹车，但已经晚了，卡车与路上的一辆小汽车撞上了，小周赶紧让老王下车，去看看汽车里人怎么样，然后，他果断地打了"120"，此人很快被送到了医院，幸亏人没大碍，很快就醒过来了。老王和小周常常地舒了一口气。

回到单位后，他们做好了挨罚的准备，但没想到陈云却公开表扬了他们："这次的事故不怪小周和司机老王，当时的情况太混乱了，而我表扬他们的原因是他们很机警，及时把人送到医院，并且，这还发扬了我们单位同事做事负责的态度，我们绝不能学社会上那种出了事就逃逸的坏作风……晚上我替你们压压惊。"

自打这件事后，在单位下属的心中，他们对陈云更加敬佩了。

这则故事中，我们发现陈云的确是一个明智的领导，换作其他领导，也许会对下属进行一番严厉的惩罚，但他没有这么做，他能站在事实的角度，对此事进行了一个贴切、合理的处理，自然会让下属对他钦佩有加，进而愿意死心塌地地接受他的领导。

可见，适当的奖励对于员工树立自信心、不断追求上进可能带来奇妙的功效。小功不赏，则大功不立。奖励某一种行为，这一行为就频繁出现，这就叫作强化。强化分为多种方式。其中一种方式就是固定时间的强化，即每隔一定的时间，就提供强化物，强化做出的行为。

总之，只有奖罚分明的管理者才是一个好的领头人，正如兵法所言："用赏贵信，用刑贵正。"要做到这一点，你就必须制定出严格的赏罚政策，也就是说，每份文件都要详细规定了事情"该怎么做"、"谁检查"、"做好了如何奖"、"做不好该如何处罚"等，真正做到有法可依、有据可查，并在此基础上建立绩效考核机制。这样，在公开的制度下、公平的标准下，所得出的赏罚结果也是公正的。

博弈论小贴士：

只有有了一个合适的奖罚分明的制度才能够对员工创造出合适的激励。所以说，一个优秀的管理者应建立好一个管理激励与约束机制员工的制度。

为员工营造一个快乐的工作氛围

马斯洛的需求论告诉我们，在基本生理需求得到满足后，人们必会寻求更高层次的需求。同样，现代社会，人们工作的目的也并不再单单是为了物质需求，人们更愿意在以人为本的公司工作，更愿意为了解员工真正需要的企业效力。

因此，以人为本的管理理念便成为一切激发员工行为的指导思想。正如《哈佛商业回顾》前编辑坎特的一句话："善于创造良好工作活力的公司将能够吸引和留住技术最熟练的员工。"的确，只有良好的工作氛围，才能最大限度地吸引和留住人才。这一点，我们应当从雷尼尔效应中有所启示。

美国西雅图华盛顿大学为了修体育馆，在大学内部选择一个地点，但方案还未实施前，就被众教授们提出强烈的反对意见，教授们之所以有这样的情绪，主要是因为这个拟定的体育馆位置挡住了原本他们在学校教职工餐厅就能欣赏到的湖光山色。

原来，看起来被人尊重的华盛顿大学的教授们的实际工资远比当时美国的平均工资水平相比低20%左右。但为何这些教授们还是愿意在这所大学就职呢？这完全是因为他们留恋西雅图的湖光山色。西雅图位于北太平洋东岸，华盛顿湖等大大小小的水域星罗棋布，天气晴朗时可以看到美洲最高的雪山之一——雷尼尔山峰，开车出去还要可以看到一息尚存的圣海伦火山。因为在华盛顿大学教书可以享受到这些湖光山色，所以很多教授们愿意牺牲获取更高收入的机会。

这一效应运用到企业管理当中，企业也可以用"美丽的风光"来吸引和留住人才。当然，这里的"美丽的风光"是指一个良好的工作环境和企业文化氛围。它作为一种重要的无形财富，起到了吸引和留住人才的作用。

俗话说："可敬不可亲，终难敬；有权没有威，常失权。"在工作的环境中，最能够激励人心的做法，莫过于照顾员工的感觉，考虑员工的情绪，关爱员工的需要，帮助员工建立自尊自重的态度，让每个人都能以每天的工作为荣，感受到努力工作的意义。

而事实上，很多企业管理者认为，作为领导，就必须要保持威严，他们大概觉得这样才能赢得下属的尊重，树立起自己的权威，从而方便管理。这是走入了管理的误区。有关调查结果表明，企业内部生产率最高的群体，不是薪金丰厚的员工，而是工作心情舒畅的员工。愉快的工作环境会使人称心如意，因而会工作得特别积极。不愉快的工作环境只会使人内心抵触，从而严重影响工作的效绩。怎样才能使员工快乐起来呢？美国H·J·亨氏公司的亨利·海因茨告诉了我们答案。

亨氏公司是美国一家有世界级影响的超级食品公司，它的分公司和食品工厂遍及世界各地，年销售额在60亿美元以上，其创办者就是亨利·海因茨。

亨利于1844年出生于美国的宾夕法尼亚州，很小就开始做种菜卖菜的生意。后来，他创办了以自己名字命名的亨氏公司，专营食品业务。由于亨利善于经营，公司创办不久他就得到了一个"酱菜大王"的称誉。到1900年前后，亨氏公司能够提供的食品种类，已经超过了200种，成为了美国颇具知名度的食品企业之一。

亨氏公司能取得这样的成功，与亨利注重在公司内营造融洽的工作气氛有密切关系。在当时，管理学泰斗泰勒的科学管理方法盛极一时。在这种科学管理方法中，员工被认为是"经济人"，他们唯一的工作动力，就是物质刺激。所以，在这种管理方法中，业主、管理者与员工的关系是森严的，毫无情感可言。但是，亨利不这样认为。在他看来，金钱固然能促进员工努力工作，但快乐的工作环境对员工的工作促进更大。于是，他从自己做起，率先在公司内部打破了业主与员工的森严关系：他经常下到员工中间去，与他们聊天，了解他们对工作的想法，了解他们的生活困难，并不时地鼓励他们。亨利每到一个地方，那个地方就谈笑风生，其乐融融。他虽然身材矮小，但员工们都很喜欢他，工作起来也特别卖力。

什么使得亨利公司的员工们辛勤、卖力地干活儿？快乐！可以说，亨利公司内部，从亨利自身到基层员工，都是在快乐的工作氛围下工作的。

欧美管理学家经过对人类行为和组织管理的研究，提出了快乐工作的四个原则，即：允许表现；自发的快乐；信任员工；重视快乐方式的多样化。

因此，作为企业的管理者，我们应该放下尊长意识，和员工做朋友，真正关心员工，那么你将会有更多的快乐，也将使工作更具效率、更富创意，你的事业也终将辉煌！

博弈论小贴士：

管理学家认为，心情舒畅的员工，而不是薪水丰厚的员工，工作效率是最高的。

第14章
处世博弈——方圆进退之间的处世艺术

我们的生活中，处处充满博弈，人与人之间，自己与自己之间亦是如此。在我们身边，似乎总有一些人被欲望控制、为人际交往、为人生发展而累，其实，这些烦恼，我们都能找到相应的博弈论知识为其解决。也就是说，人生在世，只有掌握博弈技巧，掌握方圆进退之间的处世艺术，才能成就智慧的人生。

别让思维定式给你的人生设限

前面，我们已经多次使用归纳法来对一些博弈现象进行分析，这一方法的运用，在为我们带来便捷的同时，也容易使人产生思维定式。思维定式，顾名思义就是习惯性思维。生活中，我们常说，人生的高度取决于思维的高度，我们千万不能让思维定式为自己的人生设限，所有博弈的第一步就是与自己博弈，打好自身的第一战尤为重要。

生物学家曾经做过这样一个实验：

一只跳蚤被放到桌面上，然后生物学家拍打桌子，此时，跳蚤会不自觉地跳起来，甚至它弹起的高度是他身高的好几倍。

接下来，跳蚤又被放到一个玻璃罩内，再让它跳，跳蚤碰到玻璃罩的顶部便弹了回来。生物学家开始连续地敲打桌子，跳蚤连续地被玻璃罩撞到头，后来，聪明的跳蚤为了避免这一点，在跳的时候，高度总是低于玻璃罩的顶的高度。然后再逐渐降低玻璃罩的高度，跳蚤总是比在碰壁后跳得低一点。

最后，当玻璃接近桌面时，跳蚤已无法再跳。随后，生物学家移开玻璃罩，再拍桌子，跳蚤还是不跳。这时，跳蚤的跳高能力已经完全丧失了。

为什么会有这样的现象呢？其实这是一种思维定式下的表现。玻璃罩内的跳蚤，会产生这样一种想法：我再跳高了还会碰壁。于是，为了适应环境，它会自动地降低自己跳跃的高度。于是，和刚开始的"跳蚤冠军"相比，它的信心逐渐丧失，在失败面前变得习惯、麻木了。更可悲的是，桌面上的玻璃罩已经被生物学家移走，它却再也没有跳跃的勇气了

行动的欲望和潜能被自己的消极思维定式扼杀，科学家把这种现象称为"自我设限"。

摩托罗拉的一名主管声称："得美国国家品质奖，有一种金钱买不到的奇效。"这就是目标的效力，有什么样的目标就有什么样的人生。目标使我们产生积极性。心理学家告诉我们，很多时候，人们不是被打败了，而是他们放弃了心中的信念和希望，对于有志气的人来说，不论面对怎样的困境、多大的打击，他都不会放弃最后的努力。因为成功与不成功之间的距离，并不是一道巨大的鸿沟，它们之间的差别只在于是否能够坚持下去。

1952年7月4日的清晨，浓浓大雾笼罩整个海岸，一位34岁的妇女，从海岸以西21英里的卡塔林纳岛上涉水下到太平洋中，开始向加州海岸游过去。这次，如果她成功了，她就是第一个游过这个海峡的妇女，这名妇女叫费罗伦丝·查德威克。

在此之前，她是从英法两边海岸游过英吉利海峡的第一个妇女。当时，雾很大，海水冻得她身体发抖，她几乎看不到护送她的船。时间慢慢前行，千千万万的人在电视上看着。在以往这类渡游中，她的最大的困难并不是疲劳，而是冰凉刺骨的水温。15小时之后，她浑身冻得发麻又很累。她感觉自己不能再游了，就叫人把她拉上船。

在另一条船上的她的母亲和教练都告诉她海岸已经很近了，叫她不要放弃。

但她朝加州海岸望去，除了浓雾什么也看不到。几十分钟之后，人们将她拉上船。又过了几小时，她渐渐暖和了，这时她回忆起自己渡游的经历。她不假思索地对记者说："说实在的，我不是为自己推脱，如果当时我看见陆地，我能坚持下来。"人们拉她上船的地点，离加州海岸只有半英里！

后来她说，令她半途而废的既不是疲劳，又不是寒冷，而是因为她在浓雾中看不到目标。查德威克小姐一生就只有这一次没有坚持到底。两月后的一天，她成功地游过了这个海峡。她不但是第一位游过卡塔林纳海峡的女性，而且她以超出两小时的成绩打破了男子纪录。

这一故事中的主人公查德威克的确是个游泳好手。第一次，她没有游过卡塔林纳海峡，原因正如她说的，她看不到目标。而其实，她离自己目标只有半英里的距离，不过庆幸的是，第二次她做到了。

总之，对于一个人来说，成功的信念和积极的心态比什么都重要。只有这样，你才能在困难中坚持，在坚持中成功。世界上最伟大的人，通常也是失败次数最多的人。面对各种不利，只要有一点点成功的可能，就要永不放弃。

那么，我们该如何打破思维定式呢？

1. 用知识解放思维

人与人之间没有太大的差别，只是思维方式的不同。成功的人为什么成功，失败的人为什么失败？成功者就是因为他们与众不同的思路。因此，如果你能做到摆脱思维的狭隘性，那么，你就具备了成功的潜能。

那么，如何解放思维？没有比学习更重要，只有学习才能搬走"无知"这堵墙。

2. 制订一个合理的目标

我们周围有许多人都明白自己在人生中应该做些什么，可就是迟迟拿不出行动来。根本原因乃是他们欠缺一些能吸引他们的未来目标。我们只有制订一个合理的、有发展潜能的目标，才能真正实现突破和创新！

博弈论小贴士：

很多人不敢去追求梦想，不是追不到，而是因为心里就默认了一个"高度"。这个"高度"常常使他们受限，看不到未来确切的努力方向。作为人类，有什么样的目标就有什么样的人生。

自我博弈：绝不可纵容自我

现实生活中，人与人之间存在博弈，其实，自己与自己之间也是一个博弈的过程，任何事物，其内在也是相互矛盾的。对于我们人类自身来说，向自己挑战就是抵抗的策略，纵容就是合作的策略。根据囚徒困境的理论，我们知道，在一次性博弈中，抵抗是最好的策略，而重复博弈则需要合作。而这一点，却不能被运用到自我博弈中，因为自我博弈是一个无限次的博弈，我们绝不能向那个软弱的、懒惰的、消极的自我妥协，而应该坚决抵抗，否则，纵容自我就等于走向毁灭。

凯瑟琳是个典型的女强人，从大学毕业到现在已经有八年时间，在这八年时间内，她为公司带来很多利润，如今的她已经是这家公司的副总了，但令她烦恼的是，和她的工作成绩一样，她的体重也是"蒸蒸日上"。这主要还是因为她的饮食习惯导致的。

在曾经的几年时间内，她最大的爱好就是在办公室的抽屉里放上巧克力，她每隔半小时就得吃一块，甚至一次吃上五六块，她很喜欢巧克力在嘴里融化的感觉。只要能吃上一口巧克力，她即使再累，也会立即有了精神。

但如今的凯瑟琳却不知如何是好，她知道问题出现在这里，但怎么才能解决呢？

凯瑟琳是个很有意志力的女人，她曾在上学时就在半个月内把成绩从全班第十名提升到全年级第三，她曾经为了在校运动会上拿到八百米赛跑的第一名每天早上五点起来锻炼；曾经在和一个客户打交道的过程中，她被客户拒绝了十几次却依然没有放弃……想到这些，凯瑟琳告诉自己，难道区区几块巧克力能打倒自己？

说做就做，她从自己的抽屉里撤掉了这些巧克力，把它们分给了办公室的那些下属们，当然，她常常会怀念那些巧克力的味道，她也完全可以去他们的桌子上拿一块尝尝，因为他们并不知道副总把这些巧克力分给自己的真实原因。曾经一段时间内，巧克力的压力一直沉甸甸地挂在她心头。但她问自己，如果自己偷偷吃了一块，那么，我会找借口鬼鬼祟祟吞下另一块吗？这种压力如此之大，以至于凯瑟琳宁愿给10米开外的下属打电话或发邮件，也不愿意走过去面对人家桌上诱人的巧克力。

但就在三周以后，凯瑟琳发现，自己完全能控制住自己对巧克力的欲望了。她甚至能弯下腰去闻下属桌上巧克力的香味而不去吃。

很多凯瑟琳的姐妹都感到诧异，她们依然拿着自己心爱的奶昔、薯条，慨叹自己为什么意志力如此薄弱。相比之下，凯瑟琳也无法想象自己竟有这么坚强的意志。不过无论什么原因，她做到了，现在，她又看到了自己昔日苗条的身材，现在的她也更有自信了。

她不知道这是因为她克制了自己的欲望，还是因为她想到了那些随身携带好吃巧克力的学生。但无论如何，她都感到很高兴。

案例中的凯瑟琳是个自控力很强的女人，在意识到巧克力对自己身体的危害之后，她能果断"戒掉"。这对于很多无法抵抗住美食诱惑的人来说是一个最好的激励。

在我们需要抵抗的诱惑中，有来自名利的，有物质上的，有情感上的，但无论如何，我们只有学会与自己博弈，长期坚持下去，我们的"自制力模式"就会开启。

然而，我们不得不承认的一点是，现代社会，随着物质生活的提高和科学技术的进步，一些人被周围的花花世界所诱惑，一有时间，他们就置身于灯红酒绿的酒吧、歌厅，就连独处时，他们也宁愿把精力放在玩游戏、上网上，而时间一长，他们的心再也无法平静了，他们习惯了天天玩乐的生活，他们再也没有曾经的斗志，最后只能庸庸碌碌地过完一生。

总之，我们任何一个人都要学会战胜自我、培养自制力，纵容自我只会让我们不断沉沦，闲暇时我们不妨多花点时间看书、学习，不断地充实自己，才能在未来激烈的社会竞争中立于不败之地。

自控小贴士：

一个人要追求成功和幸福，就需要有较强的自控力，这是毋庸置疑的，自控力是成功和幸福的助力、保障，同时也是一个人性格坚强与否的重要标志。

先发制人，凡事超前一步

前面，我们已经分析过，掌握越多的信息，越能帮助我们博弈成功。这就是为什么人们常说要思虑周全再出手，然而，这一策略也是存在局限性的，尤其是在面临一些单次博弈中，时机显得尤为重要，此时，先发制人更能让我们占据优势。

两人在树林里过夜，早上，突然树林里跑出一头黑熊，两人中的一人忙着穿球鞋，另一个人则说："你把球鞋穿上有什么用？我们又跑不过熊！"忙着穿球鞋的说："我不是要跑得快过熊，而是要快过你。"

这个故事听起来有点无情，但在这个"快者为王"的时代，"快"者生存，竞争就是如此。当然，"快"的背后其实体现的是博弈者的高瞻远瞩、洞察未来的战略眼光，是企业战略远见的表现，而非简单的执行力的效率高，它必定是经过了深思熟虑的考虑和探讨，之所以会让旁观者认为其行动迅速、先于其他人而动，关键在于其长远的预见性，先于别人看到了未来的趋势和变化，才能够从容不迫的做出快速反应和抢占先机。

我们再来看下面这样一个销售案例：

一天，某手机大卖场来了一位年轻时尚的小姐。在卖场转悠了半天的她终于停在了一款时尚新型的手机旁，并比对着其他几款手机看了起来。这时候，销售员迎了上去。

销售员："小姐您好，您的眼光真好，我们这专柜的手机都是国内很知名的品牌，这几款手机都是今年的新款，都是针对您这样时尚靓丽的女性设计的。依我看，这款玫红色的手机就很适合您。"

客户："是不错，我感觉挺好的，可是这价格有折扣吗？"

销售员："这款手机的确挺适合您这样的时尚大方的女孩子。不过我们这些手机都是新款，是不打折扣的。如果是我，也会觉得有点贵，毕竟现在的手机也都越来越便宜，不过一分价钱一分货，我们这款手机之所以价格相对较高，是因为它不仅有非常多样的功能，而且颜色鲜艳，时尚，款式设计新颖，不俗套，看起来非常高贵、典雅，是一种品位和个性的表现，如果相对于这些来说，这个价格绝对是划算的。"

客户："可是我还是觉得贵，要比普通的手机贵出一千块呢。"

销售员："您说的没错，一般的手机真的便宜很多。但可能是我还没有解释清楚，这款手机不仅外观吸引人，而且在功能方面也是相当先进的。您看一下手机功能介绍，您看一下这个产品介绍，无论是日常功能还是娱乐功能，都非常好。而且，这是一款新上市的手机，相对一般的新品来说，还是相对便宜的。最重要的是，我真的觉得这款手机很适合小姐您，可以说与您的大方气质相得益彰。您用再合适不过了。"

客户："我是挺喜欢的，可是真的不打折吗？"

销售员："是的，小姐。如果您真的喜欢，就拿上吧。这种概念型的手机都是限量版的呢，国内就几十款，如果您以后想买的时候很可能厂家就不生产了呢。那样的话您一定会觉得遗憾。"

客户："是吗？那我就买这款了。"

案例中，这位销售员是精明的，当他发现客户看上了专柜中的这款手机后，立刻迎上去并承认客户的眼光，而当提及到价格问题时，他先澄清价格贵的原因，这样就打消了客户还价的理由，于是，客户最终还是决定购买。

从这个案例中，我们可以发现超前规划的益处，在销售乃至商业活动中，我们必须要有这种凡事超前规划的习惯，才能比别人更快获得财富。当今社会，市场竞争异常激烈，市场风云瞬息万变，市场信息流的传播速度大大加快。可以说，谁能抢先一步获得信息、谁就能捷足先登，独占商机。这是一个"快者为王"的时代，速度已成为竞争的基本生存法则，如果你"慢一步"。你就很可能被他人吞噬掉。

总之，激烈的市场竞争下，先机稍纵即逝，速度就成为了获胜的关键因素之一，此时，你的成败就要看"快"与"慢"了。

博弈论小贴士：

在博弈中，无论是为了获得财富还是参与人际竞争，我们只有快人一步，超前规划，并将可能的情况都考虑在内，这样，我们成功的可能性才最大。

助人就是助己

前面我们谈到，化敌为友是一个双赢的局面。智慧的人通常都能立足高远，懂得如何将博弈技巧运用到处世之中，懂得在助人的过程中拉近人际关系，因为他们深知，助人就是助己。

爱默生曾说："人生最美丽的补偿之一，就是人们真诚地帮助别人之后，同时也帮助了自己。"在中国也有句古语："患难见真情"，我们往往格外信任那些曾经对我们雪中送炭的朋友，这样的友谊也更为可靠和真实。因此，生活中，如果你发现周围的朋友身处困境，那么，你一定要伸出援手，为其解决难题。他日，当你需要他的帮忙时，他一定义不容辞。

很多时候，人与人之间的感情的建立，都是在一起共事、共度难关时而不是吃喝玩乐时建立的。因此，与人共事，我们只要采取合作态度，互相支持、互相帮助、互相关照，是最容易引起感情认同的。特别是在困难环境中的彼此相依为命、共渡难关。如此情谊深厚，可能终身难忘，友情也将更为牢固。

当然，对于那些身处困境中的人，只有同情心是不够的，你应该给予比较具体的帮助，使其渡过难关，这种雪中送炭、分忧解难的行为最易引起对方的感激之情，进而形成友情。别人有难处才需要帮忙，这是最起码的常识。我们内心都有一些需求，有紧迫的，有不重要的，而我们在急需的时候遇到别人的帮助，则内心感激不尽，甚至终生不忘。

小何是北京某网络运营公司运营助理，经理是个小心谨慎的人，公司运营得也一直还可以，所以，基本上，小何的工资每年都在涨，他也很感激经理给了他这样一个平台发展自己，即使，偶尔经理会骂他几句不中听的话，他也毫不在意，因为，他知道，经理是为了他好，为了他能够进步。

但有时候，世事难料，公司一个秘书带着所有的客户资料跳槽了，转眼间，公司陷入了瘫痪的状态，经理心急如焚，公司一些员工在前秘书的动员下，开始收拾行囊，都跳了槽，剩下一些员工，也是没有去处，不得不留下来的，公司即将面临倒闭的危险，大家都看经理会用什么办法解决，很多人说："这下子都是将死的蚂蚱了，再努力也没用了。"经理听到有人这样说，更是泄气了，甚至，他已经开始考虑怎样把公司转手，这时候，小何敲开了经理办公室的门，对经理说："就是你只剩下我这么一个下属，我也会为你全力效劳，你永远是我最尊敬的经理，您不要泄气，我们一定能挺过来的。"听了小何一番话，经理感觉整个人找到了目标，在小何的帮助下，他重新联系上以前的客户，挖掘到新客户，公司起死回生，大家都说小何是公司的救星，的确，就连经理，也总是很感激他，他说："即使我身边还有一个人可以信任，那就是小何。"每每听到这话，小何都感到很欣慰。

故事中，小何是一个有远见的下属，给深陷困境、面临公司倒闭的领导以慰藉和鼓励，让领导重新振奋精神，走出困境，人往往在落难时候更容易记住别人的好，小何的领导就记住了他的好，永远信任他。

我们在帮助别人的时候，也就是在帮助我们自己。乐于助人也是中华民族的传统美德，是一个人良好道德水准的重要表现。很多时候，人们会抱怨人际关系复杂，知心朋友难寻。造成这种局面的原因很多，但其中最重要的原因很可能是我们平日考虑自己过多，帮助别人太少。一个人平时不注重人际关系维护的人，很难有好人缘，"临时抱佛脚"只会给别人以"利用"之感。试问这样的人，又怎么能得到别人的信任和欢迎呢？别人又怎会对你慷慨相待呢？只有平时对他人帮助，别人才会拿出真心对我们。

的确，工作与生活中，每个人都有自己的苦恼，我们的朋友也不例外：他们可能会因为工作头绪繁多而忙得焦头烂额，可能突然遇到了一些经济问题，也可能突然遭遇灾难……此时，我们要学会关心帮助别人。患难识知己，逆境见真情。当一个人遇到坎坷，碰到困难，遭到失败时，往往对人情世态最为敏感，最需要关怀和帮助，这时哪怕是一个笑脸，一个体贴的眼神，一句温暖的话语，都能让人感到安慰，感到振奋。当别人遇到困难，陷入困境时，你能伸出援助之手，帮助困难者，安慰失意者，可以很快赢得别人，建立起良好的人情关系。如果对别人漠不关心，麻木不仁，小气吝啬，怕招引麻烦，交往很可能因此而终止。

博弈论小贴士：

朋友是最可靠的人力资源，有了朋友，人生这条路，我们会走得更平坦。真正的友谊，是患难与共的，而要做到这点，我们必须要学会付出，先帮助朋友，才能在日后得到他的帮助。

智者的生存之道——藏而不露

人与人之间的博弈，有时候比拼的不仅是才学和能力，更是智慧的较量。聪明的人都深知应隐藏好自己，尤其是在自己能力不足的情况下，这样才能很好地保全自己。

不难发现，我们的周围，有这样一些人，他们虽然颇具才能，但活得糊涂，在人前甘愿掩饰自己的真实想法，给人毫无威胁之感，而是一种亲和之态。也有一些人恃才傲物，处处爱表现自己，唯恐自己的才华被埋没了，最终他们因太爱出风头，最终就像出头鸟的下场一样，被猎人击中了。

人生在世，我们宁愿做什么都不知道的糊涂虫，也不要去做处处显风头的出头鸟，因为糊涂虫往往比出头鸟活得更长久。其实，不在人前显山露水，这是一种人生境界；避开锋芒，自显光芒，这也是美丽的人生。虽然，施展自己的才华是一种积极的态度，所谓最终的目的也是为了能够被伯乐赏识，但如果你太过聪慧，甚至盖过了主人的风头，那你的末日就不远了。因此，我们应该记住这样一条真理：藏而不露是智者的生存之道。

杨修是个文学家，才思敏捷，灵巧机智，后来成为曹操的谋士，官居主簿，替曹操典领文书，办理事务。有一次，曹操造了一所后花园。落成时，操去观看，在园中转了一圈，临走时什么话也没有说，只在园门上写了一个"活"字。工匠们不了解其意，就去请教杨修。杨修对工匠们说，门内添活字，乃阔字也，丞相嫌你们把园门造得太宽大了。工匠们恍然大悟，于是重新建造园门。完工后再请曹操验收。曹操大喜，问道："谁领会了我的意思?"左右回答："多亏杨主簿赐教!"曹操虽表面上称好，而心底却很忌讳。

后来，曹操出兵汉中进攻刘备，被困在了斜谷界口，想要进兵，又被马超拒守，想收兵回朝，又害怕被蜀兵耻笑，心中犹豫不决，正碰上厨师进鸡汤。操见碗中有鸡肋，因而有感于怀。正沉吟间，夏侯惇入帐，禀请夜间口号。曹操随口答道："鸡肋!鸡肋!"惇传令众官，都称"鸡肋!"行军主簿杨修见传"鸡肋"二字，便教随行军士收拾行装，准备归程。有人报知夏侯惇。夏侯惇大惊，遂请杨修至帐中问道："公何收拾行装?"杨修说："从今夜的号令来看，便可以知道魏王不久便要退兵回国，鸡肋，吃起来没有肉，丢了又可惜。现在，进兵不能胜利，退兵恐人耻笑，在这里没有益处，不如早日回去，明日魏王必然班师还朝。所以先行收拾行装，免得临到走时慌乱。"夏侯惇说："您真是明白魏王的心事啊!"他也开始收拾行装。于是军寨中的诸位将领没有不准备回去的事务的。曹操得知这个情况后，传唤杨修问他，杨修用鸡肋的意义回答。曹操大怒："你怎么敢造谣生事，动乱军心!"便喝令刀斧手将杨修推出去斩了，将他的头颅挂于辕门之外。

杨修为人恃才放荡，数犯曹操之忌，杨修之死，植根于他的聪明才智。他本是一个绝顶聪明的人，而且才华横溢，但其才盖主，这就是犯了曹操的大忌。当曹操无意间说了"鸡肋"，本来曹操就在苦闷，不知道该如何解脱，而杨修却想表现自己，捅破了那层薄纸，这无形之中就羞辱了曹操，这就是杨修致死的原因之一。人生在世，我们就要善于去吸取这样的教训，保持谦虚谨慎的态度，不要随意展露自己的才华。

在生活中，有的人自以为才华横溢，因而强出头，殊不知却犯了大忌。有时候，我们会遇到这样的事情，可能对于领导所提出的问题，几乎每个人都想到了，也都认识到了，却没有一个敢当面说出来，因为领导尚未表态，那将意味着自己的嘴巴需要紧闭着。人所共欲不言，言者乃大愚也。如果你争着表现自己，你以为这是施展自己才华的好机会，却不料也是你事业生涯终止的时刻。所谓"人怕出名猪怕壮"，人出名了，必会招来侧目而视，这就是惹祸的根由。

博弈论小贴士：

隐藏自我不仅是一种保护自我的方式，更是一种人生艺术和取胜之道，没有小忍，难成大谋，这就是隐藏自己的终极目标。

参考文献

[1]任利红. 一看就懂的博弈论[M]. 北京：北京工业大学出版社，2010.

[2]纳什等. 博弈论经典[M]. 韩松等，译. 北京：中国人民大学出版社，2013.

[3]迪克西特，奈尔伯夫. 妙趣横生博弈论[M]. 董志强，王尔山，李文霞，译. 北京：机械工业出版社，2015.

[4]欧俊. 博弈论的诡计大全集[M]. 北京：中国华侨出版社，2010.

[5]张利. 生活中的博弈心理学 [M]. 厦门：鹭江出版社，2014.